讀懂準提法門

Comprehending the Practice of Cundi Bodhisattva

黃國清／張精明——著

〔推薦序〕

修持準提法門的武功祕笈

很高興接到黃國清教授的邀請，囑我為他的新書《讀懂準提法門》寫一篇推薦序，我欣然應允。

黃老師是我在擔任南華大學人文學院院長期間，應聘來到宗教學研究所任教，與我有將近二十年的同事之誼。對於黃老師的熱心教學、認真研究、勤於著述，以及用心指導學生寫論文，我非常欣賞與肯定。國清老師除了教學、研究、著述、指導學生之外，也非常關心宗教所所務的發展，與海內外的學術界以及各個宗教界，都有密切的往來互動與交流。所以我在擔任副校長時，極力向林聰明校長推薦，請國清老師擔任宗教所所長，後來他在所長任內，對於南華宗教所的發展，有很多貢獻。如今黃老師又有新書出版，嘉惠廣大讀者，我感到十分歡喜與讚歎。

黃老師的這本新書《讀懂準提法門》，有別於多數的佛學著作，不單是就經典教義或史籍考證的義理論述，而是顯密融通、解行並重，兼顧教義哲理的闡釋解析，以及修行法門的務實踐行。國清老師用了相當多的心力，深入準提法門的經典、史籍與相關文獻資料，同時還兼顧準提法門的經咒、儀軌、壇場等修持的實務面向，旁徵博引，嚴謹論證，引導讀者從歷史的時空脈絡，了解準提法門的緣起與發展；從經典的義理深度，解析準提法門的修持要義；從修行的儀軌與方法，說明準提法門的觀行實踐。對於有心修持準提法門的佛弟子與學佛者，不啻是一部武功祕笈，殊為難得。

我們都知道，佛法的修學，超越一般世間純知識性的學問，強調解行並重、定慧等持、福慧雙修的實證工夫，而不能偏廢。然而，現實的情況是，不少佛弟子與學佛者，對於佛法之中的諸多解門與行門，往往有所偏執，並且多半是「知其然」，而「不知其所以然」；甚至於連「知其然」，也往往是「不求甚解」，含糊籠統地帶過，而流於盲修瞎練。究其原由，與華人傳統的宗教觀與宗教態度不無關聯。自古以來，普羅大眾的宗教態度有三大特徵：一者現實導向，祈求功名利祿、消災延壽等現實利益；二者功利導向，希求靈通感應、有求必應、威靈顯赫等信仰回報；三者融合導向，上焉者主張「三教同源、五教合一」，下焉者認為「有燒香就有保庇」等，即使是知識分子也往往未能免俗。

黃老師在本書中，也於多處論及一般大眾的功利主義取向態度，並且引以為戒，提醒讀者，勿將佛法降格為世俗善法，造成佛法的智慧含金量遭到大幅地稀釋，殊為可惜。黃老師在序言中，就明確地表達了他撰述本書的旨趣，是幫助那些有心研讀準提經典與儀軌需求的讀者，期許大家更加明瞭其中的菩薩法義、修持條件與實修方法，然後依教奉行，從而增益其修行功德，可說是苦口婆心。

本書對於準提法門的論述，不但完備整全，並且深入細緻，除了經典的文義疏解之外，也涵蓋了經咒儀軌的修行與禮懺方法，包括：經典的持誦指引、壇場的布置要點、儀軌的修法次第、「身、口、意」三密的修持相應等，可說是面面俱到。此外，值得一提的是，書中對於自力修持與他力加持，有不少論述，最後總結強調自他二力相輔相成，不宜偏廢。

綜觀漢傳佛教的發展，在顯密融通的歷程中，除了準提法門形成單一獨特的修持方法之外，黃老師也提到，密教中有不少咒語及手印，也廣泛受到漢傳佛教的吸收及採用，在佛門的早晚課誦以及法會儀軌中處處可見，用來祈求與諸佛菩薩相感通，加持佛事與修法成功。也因此，黃老師特別提醒大家要正確認識佛教的修行意義，以及他力法門的功用與價值，這一點非常重要，否則很可能會淪於貌似學佛，而實際上是在佛法之外空轉。

佛法的真理是超越時空的，佛法的修持也是跨越時代的，眾生的煩惱苦厄也是無分古今的。最後，黃老師特別論及準提法門對於現代人以及現代社會的啟示，鼓勵大家將準提法門融入日常生活實踐。我也呼籲讀者，要認真研讀本書的內容，然後身體力行，在自力與他力的協作之下，福慧增長，結出豐碩的修證果實。

釋慧開

佛光山寺副住持暨

南華大學講座教授兼人文學院院長

〔推薦序〕一場漸行漸深、步步踏實的準提之旅

又一個萬籟俱寂的夜晚，收到國清教授的書稿電子版，拜讀之下，除了感慨他的勤於筆耕，更讚歎他的一份悲心。如今資訊發達，知見紛紜，若無擇法眼，太容易迷失於光怪陸離的資訊海中。感恩此書示以正知見，導以正法行。

首先，梳理出一條清晰的準提法門演變的脈絡。這體現出佛陀教法的歷史意義，更呈現了書寫者的歷史觀。本書將準提法門置於中、印文化交流的歷史背景中，從中看到文化互動中的排斥、接納、吸收、融合，如同一幕幕連續劇，情節緊湊，角色眾多，令人仰面長思。

其次，提供了一份準提法門完整的教學大綱與實驗手冊，詳細排列出準提經典，讓我們驗證教理的源頭活水，這是正信確立的基礎。除了理體上的展示，更有事項上的操持。經咒儀軌的解讀，讓我們更能看到準提法門的殊勝性，是一個身、

口、意三業相應的綜合。理事的圓融，體用的統一，透過莊嚴儀式的演繹，未信者令信，已信者令增長。

第三，本書不是一本泛泛的入門讀物，而是一場漸行漸深、步步踏實的準提之旅，全書在宏觀史學描述與系列經典覆蓋下，以遼代道𣪍《顯密圓通成佛心要集》及明、清二代的準提著述為個案，強調古德的修學智慧與持誦體驗。每個先賢，如同夜空下閃耀的明星，成為行者前進中的北斗。

最後一篇〈準提法門的現代啟示〉，讓我最是讚歎。佛法作為一套信仰系統，核心是放在正見與正行上。於準提法門而言，既要有知識層的認知，也要有智慧層的抉擇，更要有實修上的體證。聞、思、修最終要落在踐行的環節，就像手中握著大把地圖，並不能代替我們行走。現代修學意義與價值的提振，告訴人們，只有實修才能認識宇宙，安頓人生。書寫者突出準提法門的現代價值，就如同將一條魚放入水中，看到牠的游動。準提法門不是「文物」，不是「化石」，而是萬古傳燈，依然活靈活現。

我家中佛堂供的就是八臂準提觀音，但我於準提法門知之甚少，最初的印象來源於上世紀九十年代初撰寫《觀音菩薩》一書時的閱讀，後來主持山西佛教文化研究所的工作時，曾於一九九九年八月在佛教聖地五台山與臺灣學界合作召開「中國佛教與五台山」學術研討會，有藍吉富、蔣義斌、游祥洲、闞正宗、陳一標等教授蒞臨參會。會上藍吉富先生發表了有關道㲀《顯密圓通成佛心要集》的學術論文，由此開始關注活躍於五台山地區的準提信仰，二〇〇九年還與首愚長老一起參加了在河北省蔚縣小五台金河寺召開的準提菩薩信仰研討會。此後曾帶五位博士生去山西省晉東南地區考察地域性的準提信仰。二〇一八年十二月國清教授約我赴臺灣嘉義水上妙蓮禪寺分享淨土經典《無量壽經》學習心得，結束後專門安排我至新竹峨眉十方禪林安住，夜裡就歇於首愚長老關房旁的客房，至今想來，仍是溫馨一片。

準提法門是紅塵中的修練法，乃佛陀為憫念未來薄福眾生可入準提三摩地的緣故而說。這一法門不揀根機，無論淨穢，持誦此咒，無量劫來所造十惡、五逆等罪，皆悉消滅。在家者縱然不斷酒肉、妻子，若依法修持，無不成就，體現出無上的號召力與救贖性。

然而，處於現世的我們得遇此殊勝法門，應存慚愧想，常懷懺悔心，不應心存僥倖，輕慢因果，做世俗功利想。有求必應，無願不從，是佛菩薩的無量悲憫，而不是我們的福德感召。我們要宣導積極向上的準提信仰，由被動的救贖，化為主動的提昇。既然〈準提咒〉被列為早晚課的十小咒中，成為修學者每日必誦的功課，那就要日日警惕，時時進步。相信萬法皆空，因果不空的警示，相信神通不敵業力的緣起觀。在日常生活中堅信佛菩薩平等無差的護佑，更要相信守護三業清淨的相應。準提法門作為一種大乘密教行法，具足教法、發心、戒行各方面的正知見。我們應以清淨修為，讓慈悲與智慧的福德在我們心中增長，並迴向法界有情，共同安住在準提菩薩無盡的光明之中。

經中言：「此准提大陀羅尼明咒法，過去一切諸佛已說，未來一切諸佛當說，現在一切諸佛今說，我今亦如是說。」感恩國清教授與精明仁者的慈悲，又為利益我等眾生再說。願我速知一切法，願我早得智慧眼。

中國人民大學淨土文化研究中心主任暨
香港珠海學院佛學研究中心客座教授

〔推薦序〕

顯密相成，福慧圓滿

最早聽聞準提法門，是大學時期參加蓮因寺齋戒學會，每天早、午二餐都會唱誦的〈準提咒〉。結齋時，大眾心腹飽滿，這首長短適中、音韻有致的咒詞，吟唱起來更感法味充足。進一步的學習，則是稍後，在「內典研究班」的教學課目中，發現有一門《顯密圓通成佛心要集》，這正是完整的準提法教學。

「內典研究班」，一九七四年創設於臺中蓮社，是美國佛教會沈家楨居士繼創辦駐台譯經院後，啟請李炳南老居士規畫辦理的。這個班一屆四年，招收大學畢業程度的全時進修學生。師資除李老居士外，還有寫《大藏會閱》的會性法師、講經師淨空法師、中興大學王禮卿教授等名師，是臺灣佛學研究所層級開辦最早的機構。我特別搜羅了它的教學科目，用來作為進修的典範。

李老居士主張「廣學三藏教，不離彌陀行」，因此，教學中有《彌陀要解》，有《金剛經》、《唯識三十頌》、「天台三大部」……，自是當然；義解需懂文理，所以重視文字、章法、科判，有古文教學，這也可以理解；但竟然有《顯密圓通成佛心要集》課目？這就出乎意料之外了。老居士《華嚴經》一講十八年，歸宗淨土，為何開設這門功課？老居士長年推動臨終助念，又常以「光明咒沙」與往生者結緣；「顯密融通」，也許是緣由之一。

因地緣關係，多年來常受邀至南華大學宗教所參加研究生論文口試。該所研究生大多不是本科出身，短短兩年求學期間，居然能在義理思想相關論題有相當成績。指導教授國清兄在有限的課程學分之外，回應學生需求，加課補習、組設讀書會，當是重要助緣。近年有兩篇以「準提」法門為研究主題的論文，從思想義理到儀軌施行，俱見用心而有內涵。國清兄以指導論文為基礎，再加擴大深化而成此書，自是本色行當。對「準提」教法的儀軌施設、歷史發展、版本考據各方面，研究全面而細緻，既嚴守學術矩矱，同時保守修行歸趣。而此書著墨於準提教法的生活實踐，及其人間淨土宗旨的抉發；舊籍新詮、老樹新枝，契理同時兼顧時代機遇，尤見用心。

我和國清兄初識於聖嚴法師主持的天台講習會。會期中有一節把會眾分成兩組，進行交流討論。我們倆受法師指派各擔任一組的召集人。那時他才剛從中華佛研所畢業，但他以管理學碩士的資歷，放棄商學院的「光明錢途」而就讀「前途光明」的佛研所，眼界不凡，已為同儕欽敬。中華佛研所紮實的佛經語言、文獻、義理等專業訓練後，又從學於名家研習佛學與漢語，取得博士學位，經南華大學禮聘，歷任該校宗教所所長、唯識學研究中心主任等職。不但學術研究成果不斷，論文、專書每見新梓，而且活動力與規畫力奇佳，經常主持推動各種佛學教學與研究活動，實屬佛教居士青壯一代深具活力者，教界學界，多所矚目。《讀懂準提法門》的出版，不僅可感受國清兄帶領學生輩研學的勤奮猛勵，有助準提法門的研學參究，當更能帶給讀者修行上的許多啟發。

林其賢

國立屏東大學中文系退休教授

〔代序〕依經據典話準提

準提法門在古今華人佛教圈中非常盛行，為一種優質的密教行法，易學易修，修持效驗頗受佛教僧俗二眾所肯定。準提法門富含漢傳佛教的特色，顯密二教融通相成，可滿足各層次的學佛需求，從消災祈福的人生願望，到福慧圓滿的佛果菩提，在誦念神咒的加持之下，得以快速實現。於此正法趨向衰微的學佛大環境中，人類的生存與生命問題依然存在，自力聞思與修習佛學有其嚴峻挑戰，持誦〈準提咒〉這樣的他力方便法門有助於深化佛法修行體驗。

準提法門作為一種大乘密教行法，必須具足教法、發心、戒行各方面的正知見，以作為修法實踐的指引與基礎。修持準提密法有其所依的漢譯經典與儀軌；再者，中國佛教學人為這個行法編寫數種持誦儀軌，都是修習上的重要參考資源。〈準提咒〉持念者眾，或有研讀準提經典與儀軌的需求，以期更加明瞭其菩薩法義、修持條件與實修方法，依教奉行，從而增益修行功德，這是本書的撰寫旨趣，期望能為學佛大眾提供一本統整準提佛典教法的精要專書。

會完成這本專論準提佛法的小書，可說因緣際會。原本以準提法門為主題的寫作計畫，是排在幾本書的後面，因為還有一些歷史斷點須要考察清楚，漢文準提著述尚未全面瀏覽，以及對日本密教與藏傳佛教的準提傳承所知有限。個人出版著作的習慣，是將問題大致都釐清了，才會放心付梓。二年前曾答應學生精明改寫其以唐密準提法為題的碩士論文出版，因事務繁多，遲遲無法動筆，但已埋下撰寫準提專書的種子；此番法鼓文化編輯向我邀稿，擬了幾個主題，未料「顯密融通的準提法門」雀屏中選，只能說因緣奇妙！

探研準提典籍多年，只欠推動寫作成書的東風。趁著開學前還有段暑假時光，我排開一切事務，專心於此書的研究與寫作。印度準提流傳的歷史空白、遼代顯密融通的佛教背景、元代準提行法的回傳漢地，竟然都得出某種程度的補充。藉此機會精讀漢譯準提佛典，及道殿法師所撰《顯密圓通成佛心要集》，對其修行理念與持誦儀軌進行系統整理。對於明、清佛門大德的準提著述，一本一本把覽，理清來龍去脈，發掘其修持儀法特色。最後，依歷史、經典、修行三大主軸，以唐密準提儀軌與漢傳準提行法為範圍，依經據典系統地呈現準提法門的具體內涵。

漢譯的準提經典與儀軌，及中國佛門大德的準提著述，是今日研修準提法門的寶庫，已給出豐足的實修指導與經驗體會，準提行者應先尋求適度的了解，掌握相對純正的準提教法，藉以建立菩薩修行的正知正見，及熟習密咒持誦的規範方法。坊間常見混合式的持念方法，民間信仰觀念、宗教神祕訴求、道教身體功法、藏密氣脈明點……，相雜其間，更有淪為世俗功利主義取向者。此處並非有意批判這些宗教實踐方法，而是如此摻合會使準提修學系統變得複雜玄祕，從而對原本的實修模式有所遮蔽。古來的準提經典與持誦儀軌，宜作為法門修習上的主要依據。

本書共分四篇：首篇〈準提行法的歷史之旅〉，考察準提信仰與行法在印度密教時期、唐密時期、遼元時代、明清二代的發展軌跡，鳥瞰其發展與演變的流脈，曉了準提法門在漢地興盛的前因後果。第二篇〈經咒儀軌的修行方法〉，以傳譯到中國的印度準提經典與儀軌為研究對象，闡述其修行理念與持誦方法，這是準提行法的經典依據。第三篇〈準提法門的漢傳模式〉，探討遼代道㲀法師《顯密圓通成佛心要集》

及明清二代的準提著述，掌握其前後相承關係，及各本的義理與儀法特色，鑑賞古德的修學智慧與持誦體驗。最後一篇〈準提法門的現代啟示〉，以先前各篇的論述為基礎，考量當今的佛教文化環境，思索準提法門的現代修學意義與價值。

這本書的撰述分工，由我擔當全書架構的擬定，及主要篇章的撰寫。學生精明負責準提儀軌修持方法的部分，借助其持誦經驗，看能否提供另外一種思惟角度。當然，為了使全書的佛學觀念與行文脈絡得到統一，儀軌修持方法最後由我做了必要的大幅修改。寫完此書，個人的收穫應是最大的，發現了準提法門的廣闊世界，及摸索出實踐上的可行方向。

撰稿期間會擔心此書內容是否偏於深奧與嚴肅而影響讀者的接受度，多方向編輯與學生們徵詢意見，有所調整，同時盡可能地保留自己的撰寫初衷。某日有位讀經學員問我「準提」之義，便將書中解說準提名義的幾段傳輸過去，並問是否深奧；他回覆說適中，說明清楚，如果只是普通的觀念，上網搜尋一下就有。這就是本書的定位吧！依經據典，把觀念說得明晰與深入。閱讀這本書可能要稍具耐心，相信讀後確實能增進許多新知。最後，感恩促成此書的種種善因緣！

目錄

第二篇——經咒儀軌的修行方法

第三篇　準提法門的漢傳模式

第四篇—準提法門的現代啟示

第一篇

準提行法的歷史之旅

前言

準提信仰與準提行法起源於印度，而與中國（包含遼、金）佛教特別有緣，更有漢化準提法門的開展，在古今華人佛教圈中蔚為一股持誦風氣。印度準提信仰文化的面貌，因文獻資料稀缺，顯得撲朔迷離。漢傳佛教傳統的準提思想與實踐，可說承繼印度而大放異彩。

至於準提法門在藏地佛教界的弘傳情形，藍吉富教授在〈準提信仰札記〉指出，準提經典雖有傳入西藏，但藏傳佛教四大教派中，這個行法罕見傳習。長年修習藏密的陳健民居士生前告訴藍教授，他從未遇到弘揚準提法的藏傳上師。筆者亦曾就準提修持方法的問題，請教某位博通顯密教法的藏族金剛上師，他回答說藏傳佛教中很少人持誦。透過網路可搜尋到的資料，藏傳佛教有四臂、三面二十六臂、十八臂準提佛母的一些傳承。

有鑑於準提法門在漢傳佛教的修持風氣較盛，其相關資料亦相對豐富，本書論述準提行法的歷史軌跡，就暫且將焦點先置放在印度黎明到中國普照的發展演變。以後有機緣再探索日本密教與藏傳佛教的準提傳承。

一、準提菩薩的印度行跡

準提信仰及其修持方法的歷史發展軌跡與脈動，是全面了解準提法門的重要一環，並且應當自其印度源流探問起。然而，準提菩薩在印度佛教文明當中，已如同謎樣般的存在。古代印度習於口頭記誦，不重視歷史的文字記載，史料易於湮沒；且在歷史傳誦中，神話與史實經常混雜在一起。準提行法在印度流傳的情形，現今所能獲取的資訊非常少量，也難以找到專門的研究報告，然而，並非無跡可循。

嘗試追溯準提菩薩在印度次大陸的示現蹤影，實為困難任務。幸而存在幾種漢語佛教文獻及印度出土文物，可資為探索的依據，包括：準提經典的傳述內容、準提佛典的翻譯記載、譯經法師的傳記訊息，以及印度準提造像的考古發現。這些材料儘管有限，勉強可用以勾勒準提信仰的印度傳播輪廓。現在就從這裡出發，踏上準提佛教文化的歷史之旅。

（一）準提行法的流傳時代

關於佛典漢譯活動的人、事、時、地，漢文佛教典籍留下不少文字記載，可為印度佛教歷史的研究提供許多珍貴史料。除了佛教歷史文獻，印度出土準提造像的形相表現與年代判定，是難能可貴的實物證據。在印度佛教文化傳統中，準提菩薩信仰及其經咒儀軌是在什麼時代和哪些地區流傳？有賴結合漢語文獻與考古文物，進行間接的推估。

1. 漢文資料的旁證

幾部漢譯準提佛典都記述經典的說法緣起，是佛陀悲憫未來世的薄福惡業眾生，引導他們消災致福，以及推進佛法修行，而宣講於舍衛城的祇樹給孤獨園。然而，中國佛經漢譯事業始自東漢，綿綿數百年，遲至南北朝後期，才出現準提咒語的漢語音譯，何以中間會有如此長久的時間落差？

太虛大師對印度佛教史的一種三期分判方式，頗具創意與善巧，調和了佛教信仰史觀與學術歷史考證，為佛教信眾提供在宗教感情上較可接受的歷史發展視角，幫忙解釋準提行法消失千年的身世之謎。

大師在〈我怎樣判攝一切佛法〉提出：印度佛法的流行演變，歷經「小行大隱」、「大主小從」及「大行小隱、密主顯從」三個階段。密教經典是在佛陀時代已經宣說，唯因弘通機緣未到，一直處於潛流的狀態；要等到第三期才盛行開來，躍上檯面成為主流佛法形式。準提法門正屬於大乘密法，流通時代便落在印度佛教歷史的後期階段。

先是北周時代（五五七─五八一），有來自北印度犍陀羅國的闍那崛多法師，他首度音譯了〈七俱胝佛神咒〉（即〈準提咒〉），可推知在此時間點以前，〈準提咒〉已在印度流傳。唐代玄奘大師於麟德元年（六六四）譯出〈咒五首〉，其中之一便是〈七俱胝佛咒〉。這兩種文獻可以佐證〈準提咒〉於六、七世紀時，在印度佛教界的單行傳誦。然而，他們都只譯出咒語，經典的傳出時代興許更晚一些。

唐代武后當政時期，有來自中印度的地婆訶羅法師，於垂拱元年（六八三）最先譯出準提經典，經文篇幅短小。其後，並稱為「開元三大士」的善無畏、金剛智與不空三位法師，都是著名的密教高僧與譯經大師，成為準提佛典的翻譯主力。他們相繼來自印度，大約從開元五年（七一七）起到大曆六年（七七一）這段期間，兩度重譯了準提經典，及譯出四種準提儀軌，全為一卷本形式。

如果將上述幾種準提典籍的漢譯時間稍往前推算，大抵可知七、八世紀之時，準提經典與儀軌已在印度佛教圈傳開。八世紀那爛陀寺著名學者寂天在其所著《大乘集菩薩學論．清淨品》，引述了《尊那陀羅尼經》中關於念誦罪滅相的大段經文，「尊那」即是「準提」的不同音譯，這也是準提經典流行印度的一項證據。

金代所勘刻的佛教藏經中，發現另外一種由多羅句鉢多法師漢譯的準提經典（轉刻於《房山石經》），是用來持誦咒語的簡單儀軌性經典。這部經典較為特別之處，是其中出現〈準提大身陀羅尼〉（準提廣咒），這是較少為人所知的長篇〈準提咒〉。多羅句鉢多法師的生平不詳，只知他出身於中天竺摩竭陀國的那爛陀寺。〈準提大身陀羅尼〉已被收入晚唐乾寧五年（八九八）所編的《釋教最上乘秘密藏陀羅尼集》，多羅句鉢多法師翻譯經典的年代必然在此時之前。

唐末的戰爭亂局，造成準提法門在漢地的傳承湮沒無聞，於印度本土則續有發展。宋代初期，僧人法賢（原名天息災）來自中印度那爛陀寺，十世紀末葉在都城汴京傳譯準提經典。他漢譯了《尊那菩薩大明成就儀軌經》，署名由龍樹菩薩所傳授，是本富含修持儀軌的經典，篇幅已擴大為四卷。

此外，在法賢法師所譯的《瑜伽大教王經》中，包含了尊那（準提）菩薩的種子字、身體形相與修持方法。對比唐代與宋代的準提譯經，推測在法賢法師離開印度之前的兩個多世紀期間，準提經典有了大幅增廣，修持儀軌變得更形複雜。

還有，他以天息災名號在太平興國八年（九八三）譯出《大乘莊嚴寶王經》，其第四卷在講述觀自在菩薩所說〈六字大明王陀羅尼〉（〈六字大明咒〉）之後，接著由七十七俱胝如來說出〈準提咒〉。諸佛宣說這個神咒時，觀自在菩薩由身上一個名為「日光明」的毛孔顯現巨大神變，其中有無數菩薩各在寶山上的珍寶樓閣中念誦〈六字大明咒〉，而觀見如來與觀自在菩薩。這是〈準提咒〉與觀自在菩薩和〈六字大明咒〉的某種關聯。

印度準提經咒與儀軌的傳出，大抵經歷了咒語、經典、儀軌三個階段。六、七世紀時代，咒語單獨流傳；七世紀中後葉到八世紀初期，流通一卷形式的準提經典與儀軌；到了十世紀以後，擴充成內含複雜儀軌的多卷本準提經典。準提法門及其典籍在印度的傳習，呈現一種漸進式的發展過程。

2.考古文物的佐證

地婆訶羅（日照）法師是中印度人，在佛陀成道聖地的摩訶菩提寺出家，後來前往那爛陀寺參學。「開元三大士」中，善無畏法師為中印度人，他在遊歷那爛陀寺時期，得到達摩掬多傳授密法。金剛智法師是南印度人，曾隨老師到那爛陀寺學法。不空法師是南印度師子國（今斯里蘭卡）人，師事金剛智法師，後來廣參名家。多羅句鉢多法師也出身於那爛陀寺。法賢法師的故籍在北印度迦濕彌羅，後來成為那爛陀寺僧人。這些譯經大師都從印度來華，或取道陸路，或經由海路，他們為準提法門在印度的通行做了見證，而且大多有那爛陀寺的學法淵源。

那爛陀寺座落於中印度摩竭陀國古王舍城附近。聖嚴法師在《印度佛教史》中介紹這個寺院，提及此寺名德輩出，包括多位來華譯經的僧人。玄奘大師在七世紀來到這裡時，仍是唯識學派盛行的最高佛教學府；後來成為傳播密教大乘的一個中心。那爛陀寺是在何種因緣下轉型為密教中心？與準提信仰可能會有什麼樣的連結？

波羅王朝是八世紀後期在印度東北部崛起的一個重要佛教國家，統治到十二世紀中葉，由盛轉衰，最後被信奉印度教的斯那王朝併吞。波羅王朝一度擴張成北印度最大的政治勢力，主要據點在現今孟加拉與印度比哈爾邦（Bihar），涵蓋了那爛陀寺的所在地；其版圖曾經延伸到印度東部的阿薩姆與奧里薩。

波羅王朝國境以西，已淪為伊斯蘭的世界，佛教幸賴這個王國的庇護而得以延續生命。王朝的歷代帝王都信奉大乘佛教與密教，對那爛陀寺與超戒寺給予大力護持。當時整個佛教文化大環境轉向密教，那爛陀寺傳播密法亦屬大勢所趨；新創的超戒寺在規模上更是遠勝那爛陀寺，為當時首屈一指的密教中心。

在超戒寺創建之前，那爛陀寺在八到九世紀達到其聲望的高峰。在這個寺院的遺址出土了許多佛教造像，包含兩尊九世紀銅合金準提菩薩坐像。一尊高約二十公分，收藏於那爛陀博物館；一尊高約三十三點五公分（含背光和底座），典藏於印度國家博物館。

兩尊準提菩薩像都合於《準提陀羅尼經》所述造像法式，呈現為女性神尊形相，三目十八臂，盤腿安坐於蓮花座上；前面兩手結作說法印，其餘十六臂各持法器。這兩尊準提菩薩造像相當精美，為那爛陀寺的準提佛法傳習情景提供了某種想像素材。

除了那爛陀寺遺址，波羅王朝統治區域內的其他許多地方，同樣發掘出準提菩薩造像。據日本學者森雅秀統計，在奧里薩邦（Orissa）的喀塔克（Cuttack）地區，一共出土了十四件準提菩薩像，分布在五個地點。就數量而言，在總計一百一十九例的出土女性神尊之中，僅次於度母的五十二件，及摩利支天的二十五件。現今在印度發現的準提菩薩造像包括二臂、四臂、六臂、八臂、十二臂、十六臂、十八臂、二十六臂等各種形相，折射出對這位菩薩的多樣想像。這些菩薩造像反映了古代東印度準提信仰的某種熱度。

日本學者酒井紫朗指出在印度後期密教的《成就法鬘》（*Sādhana-mālā*）中，收載了三種梵文準提佛母的成就法，藏文藏經中也發現與其相當的譯本，但譯者不詳。法本中所述的修持方法包括觀想持咒者自己胸中放光的種子字 cuṁ，以及皈依三寶、禮敬與供養諸佛、懺悔罪障、思惟空性、觀想準提天女形相、持念〈準提咒〉等。

波羅王朝興起以前，準提行法已經在印度流行，並輾轉傳播到中國。在波羅王朝抗衡伊斯蘭文明，大力護持大乘佛教密教的際會之下，準提法門得以繼續弘通。從中印度的那爛陀到東印度的喀塔克，綿延五百公里，準提菩薩在這片土地上，以慈悲與智慧之眼，凝視與加持那些虔敬信仰和持誦修行的佛弟子們。

（二）準提名號與形相示現

準提菩薩的名號，梵語作 Cundī 或 Cundā，其漢文音譯除了「準提」之外，尚有准提、准第、准遞、准胝、准泥、尊那等各種譯法。中國佛教圈也有將其梵音還原為 Cunde、Cundi 和 Cundhe 者，卻不知道哪個名號較為準確。

為什麼會有如此多種不同譯音與可能的梵語發音？其梵文語義為何？對這個問題應該先有所釐清，以消釋困惑，使吾人對準提名號獲致更好的理解。下文的語言文獻說明或許稍嫌枯燥，若能耐心讀完，說不準有意想不到的收穫。

1. 準提的梵文名義

準提、准第、准遮、准泥、尊那，第二個字的子音似乎有對應到d或n的發音不同，其實，原因主要出在長安方音與洛陽方音的差異。古代譯經法師在對印度語言的專有名詞或咒語採取音譯時，可能受到中國地方語言的影響，而選用不同的漢字。

提、第、遮近於長安方音；泥、那則接近洛陽方音，並非表示它們對應到不同的梵語發音。如此，梵文發音是否不同的問題，就可以得到部分解決。至於「准胝」的音譯就比較奇特，「胝」大抵對應到捲舌音ḍī，這就牽涉到印度神話中某位女神（難近母）的一個梵文名號，此點留待後文再予討論。

準提菩薩的標準梵文名號應是Cundī或Cundā，屬於陰性名詞（梵文名詞有陽、中、陰三性之分），因此也稱為「佛母」，印度佛教的準提造像均以明顯的女性形象來表現。佛教通常主張大菩薩是男子身，女性菩薩多在密教時代傳出，所以準提菩薩來到中國，佛教徒如何思考其「佛母」意涵，這是個有趣問題。

Cundī 或 Cundā 這個名詞來源於動詞詞根 cud，有督促、勸誡、開導、激發等多個意思。藏文將這尊菩薩的名號意譯作 Skul bye ma，就強調其作為開導者、勸導者的女性神尊涵義。這是比較合乎字面意義的理解，彰顯準提菩薩恩威並重，加持修行者以成就一切事業，破除堅固繫縛。

華人佛教圈常見將「準提」名義解為「清淨」的意思，這種解讀在梵語詞義與漢譯準提佛典之中都找不到明確依據。有人推論這是將 Cundī 名號的梵文悉檀字形辨識為 Śundhi（Śuddhi），即是清淨的意思；並將此義與聖觀音的密號「清淨金剛」連結，蘊涵「覺悟到眾生本性清淨之理」的深刻意趣。（見藍吉富編著的《準提法彙》所收〈準提佛母〉）這應是日本密教學人所做的衍義。

即便如此，「準提」的「清淨」深義，依然可由這個神咒的清淨功德引伸而來。善無畏法師所譯《大准提陀羅尼法》說：「佛言：此咒印能滅十惡五逆一切重罪，成就一切白法（善法），具戒清潔，速得菩提。」專心誠意地持誦〈準提咒〉，憑藉其法力加持，可發揮淨化身心、成就菩提的巨大功用。

再者，金剛智大師所譯的《七俱胝佛母准提大明陀羅尼經》（簡稱《准提大明陀羅尼經》）中，依空性智慧的涵義說明「准」與「提」二個種子字所代表的意義：「『准』字門者，於一切法是無等覺義。『提』字門者，於一切法是無取捨義。」無所知覺、無所取捨，一切平等，遠離言說分別，相應於寂靜涅槃、不生不滅的諸法最勝義，這當然是最極清淨的智慧功德。修持準提法門，得以快速地與「清淨」的智慧境地相應。

2. 準提別於難近母

有關準提菩薩的印度原型，一些研究者將其鏈接到印度神話的女神難近母（Durgā，杜爾伽），在西方宗教知識界影響尤大。這個問題若不加以釐清，模糊難辨的說法逐漸向中文佛教圈滲透，易使準提信仰者在內心產生某種疑慮。難近母的主要化身在梵語名稱（Caṇḍī）與形相方面，雖與準提菩薩存在某種類似性，但兩者之間也不乏大的區別，表彰的宗教精神更是大異其趣。

難近母共有九個化身，其中心形相名為 Caṇḍī／Caṇḍā，是個女性神尊，三眼十八臂，坐在蓮花座上。Caṇḍī／Caṇḍā 與 Cundī／Cundā 除了第一個音節的母音不同外，還差在後一音節的發音有沒有捲舌。「準提」對應到 Cundī，較為準確，與 Caṇḍī 不易混淆；「準胝」的「胝」是捲舌音，可能對應到 Cuṇḍī，便容易與難近母的名稱相混。Caṇḍī／Caṇḍā 與 Cundī／Cundā 在發音上或有近似之處，但梵文書寫字形的差異就比較大，對兩者的名稱應當有所區別。

難近母的中心形相 Caṇḍī／Caṇḍā 在畫像上居於中間位置，周邊由其他八個化身所環繞。其傳統身形最常見者有十八隻手臂（或十臂、八臂），坐在蓮花座，有時騎獅子或老虎，身體呈火的顏色。左邊九臂有一手結祈克印（tarjanī，又稱憤怒印、禁伏印），其餘八手分別持有阿修羅髮束、盾牌、鈴子、鏡子、弓、幢、鼓、套索；右邊九手持著標槍、棒槌、三叉戟、金剛杵、海螺、彎鉤、棍棒、箭、輪。無論是所結手印或所持物品，都富含濃厚的戰鬥意象。她以降魔的職能而受到崇拜，所持各種武器由諸神所相贈，戰勝大力阿修羅與眾多鬼怪。整體而言，表現出威猛女神的姿態。

關於準提菩薩的示現形相，金剛智法師所譯《大准提陀羅尼法》說明可有二、

四、六到八十四臂等多種樣貌，而以三目十八臂為標準，代表佛陀的十八不共法。準提菩薩身呈黃白色，前面兩手結說法印，右邊第二手作施無畏印，其餘各手分別持著寶劍、數珠、子滿果、鉞斧、鸞鉤、金剛杵、寶鬘；左邊各手分持如意寶幢、蓮花、澡罐、羂索、法輪、海螺、淨瓶（軍持）、般若經篋等。與難近母互相對照，大概只有六種是重疊的。準提菩薩的形相表徵慈悲智慧與偉大力能，攝受與加護虔心修持的佛教行者。

準提菩薩有「佛母」的稱號，在信奉者心目中尊為三世諸佛之母，十八臂象徵著佛陀十八不共法的殊勝功德，其佛法意涵可參考《大智度論》卷二十六的詳細解說，以資為觀想的所依。至於這十八隻手所結手印與所持法器各自象徵何種意義，漢譯諸部準提佛典缺少說明。日人所撰《白寶口抄》卷六十對準提菩薩各臂手印與法器的表法意義逐一解說，可以參看。

除了三目十八臂的形相，宋代法賢法師所譯《瑜伽大教王經・三摩地品》所描寫的準提菩薩像為三面二十六臂，每面臉上有三隻眼睛。正面為慈容善目；右面青色，作忿怒相；左面黃色，雙唇緊咬。或是坐在蓮花上，或是站立如跳舞姿勢。二十六臂的手印和法器於此就不再詳細列舉。準提菩薩不同面容的示現，天魔等見到會感到驚恐，向前合掌頂禮；修習者則喜獲加持，得以快速消除罪業與成就菩提。西藏覺囊派所傳的準提菩薩法相即是三面二十六臂。

三眼多臂是多位密教菩薩與印度神祇的共有特徵，不宜單看外形的相似點，而忽視其他明顯的差異處。如同在中國宗教文化裡，觀音菩薩同時出現在佛教與民間信仰中，而信仰內涵大不相同。難近母是集智慧與美麗於一身的勇武女神，在其節慶期間，信徒們宰殺大量雄性動物向她獻祭，禳除災厄，祈求福運。準提佛母則是慈悲與威嚴地看視一切有情，加持他們消災致福、離苦得樂，及成就菩薩道修行。佛教菩薩與印度神尊，各自在其所屬宗教世界裡利濟芸芸眾生。

二、準提密法的中國傳譯

準提經咒與儀軌在漢地的傳譯，始於北周時代，直到北宋初期，一共漢譯了二種單行咒語、五部經典與四種儀軌。再者，法賢法師所譯的五卷本《瑜伽大教王經》包含了一些準提修持方法。這些典籍的內容可代表印度傳來中國的準提密法，修學準提法門者宜多加參閱。了解準提密法在印度的修持觀念與模式，也有助對顯出這個法門在漢傳佛教中的繼承、演變與特色。

（一）準提經典的漢文翻譯

準提經咒的漢文翻譯過程是先音譯出單行咒語，後來才逐漸有經典與儀軌的漢譯。從中唐到北宋初期，有多部準提經典陸續傳譯到中國來。印度原始的準提經本已不復存，不同時期漢譯的準提經典內容，向世人展示著印度準提行法的嬗變歷程。

1. 單行咒語的音譯

獨立咒語是準提法門最早傳入中國的形式。北周武帝時代（五六〇—五七八），北印度犍陀羅國出身的闍那崛多法師在益州龍淵寺（於今四川成都），為譙王宇文儉翻譯了三部經典，其中《種種雜咒經》裡有〈七俱胝佛神咒〉：

納莫・颯多喃・三藐三佛陀・俱胝南・怛姪他・〔唵・〕折麗・主麗・准遮・莎訶

其後，歷經隋朝，到了唐高宗麟德元年（六六四）的正月一日，玄奘大師在自己圓寂前的一個月左右，於玉華宮譯出〈咒五首〉，其中〈七俱胝佛咒〉音譯如下：

納莫・颯多南(去)・三藐三勃陀・俱胝南(去)・怛姪他・唵・折麗・主麗・准第・莎訶

兩者譯文的表面差異，是闍那崛多譯文在有的佛經刻本中少個「唵」字；再者，玄奘譯文在兩個「南」字後面標示去聲，指示發音要重一點(長音)。這個咒語能解出文字意義嗎？

以玄奘大師的譯文為例，「納莫」(namaḥ)意為禮敬；「颯多南」(saptānāṁ)意思是七；「三藐三勃陀」(samyak-sambuddha)的詞義為正覺者，即是佛陀；「俱胝南」(koṭīnāṁ)意指千萬之數(有譯為億)；「怛姪他」(tadyathā)的意思是「所謂；也就是說」，用來帶出咒心。如此，前面這一串梵文詞語是可解的，意思是：「禮敬七千萬尊佛陀，所謂：(咒心)」。〈準提咒〉是過去七千萬尊佛陀所共同傳持，所以在神咒起頭先歸敬他們。一些唐、宋譯經中的「七俱胝佛母」即指準提菩薩；「七俱胝真言」就是〈準提咒〉。

接下來是「咒心」部分：「唵」(oṁ)是咒心開頭常見的神聖音節，被視為宇宙中出現的第一個音；「准第」（cunde）是準提菩薩的名號；最後的「莎訶」（svāhā）表示咒語終結的圓滿吉祥用語。中間的「折麗」（cale）、「主麗」（cule）就令人費解，但也不一定要解出意思，就咒語的持念而言，專意持誦、發音準確是最為重要的。中國古德大致主張「取字之音，不取字之義」。現今有人將「折麗」解作覺動；「主麗」釋為生起，聊備參考。

2. 準提經典的漢譯

準提經典最早的漢譯本，是地婆訶羅（日照）法師在垂拱元年（六八三）所譯《七俱胝佛母心大准提陀羅尼經》（簡稱《准提陀羅尼經》），經文篇幅相對短小。其內容結構是先講述佛陀在舍衛國祇樹給孤獨園，因悲憫未來有情而宣說「七俱胝佛母心準提陀羅尼法」，隨即帶出〈準提咒〉。

其次，說明這個神咒的持誦功德，包括眾罪悉滅、值遇諸佛、戒行清淨、天神守護、遠離災病、所願如意等；接著，舉出持咒十萬到七十萬遍，可見到罪滅清淨之相的三類吉祥夢境；然後簡述壇場布置與供養、持誦方法；隨後列舉八種驅邪治病、遠離災禍的持咒法，及五種感得菩薩前來示現身形、滿足願望與演說教法的修持方法；最後，總結此法為三世諸佛均會宣說，加持誦念者快速累積善根與成就無上菩提。

金剛智法師於開元十一年（七二三）譯出《七俱胝佛母准提大明陀羅尼經》，經本結構與地婆訶羅譯本基本相同，開頭部分的文句類似；而罪滅清淨之相的夢境增為二十餘種；在壇場的修持方法更為多樣；治病驅邪、祈求福願的持咒方法也擴充到二十種。這個經本可說是地婆訶羅譯本的增廣版。金剛智法師所譯經本後面附有《七俱胝佛母准提陀羅尼念誦法》，是附屬的修持儀軌，應當獨立看待，其內容留在下一項中介紹。

不空法師漢譯的《七俱胝佛母所說准提陀羅尼經》，是天寶五年（七四六）他再度由印度返回京城長安後，到大曆六年（七七一）為止的期間，奉詔翻譯的眾多經典之一。經典的構成大同金剛智譯本，治病、驅邪、避禍、求福的持咒方法更增至二十三種，前後順序也有所變動。經典後面同樣附有《七俱胝准提陀羅尼念誦儀軌》，這個儀軌文本容後再論。

多羅句鉢多法師翻譯《七俱胝佛母心大准提陀羅尼經》的時代稍晚。由於此經中的〈准提大身陀羅尼〉（準提廣咒）已收入唐代行琳法師所集的《釋教最上乘秘密藏陀羅尼集》卷六，而這本陀羅尼集編寫於乾寧五年（八九八），可作為多羅句鉢多法師翻譯經典的年代下限。

《七俱胝佛母心大准提陀羅尼經》這部經典只包含三部分：〈準提咒〉、〈七俱胝啟請文〉、〈准提大身陀羅尼〉。〈准提大身陀羅尼〉的音譯長達五百餘個漢字，首見於這個譯本。〈七俱胝啟請文〉為偈頌文體，主要內容可概括為：歸敬七俱胝佛陀與準提佛母，發願持誦〈準提咒〉，祈請龍天護法加被，及請諸佛為自己真誠修行之心做見證；依此結成清淨的修法界域。然後，開始持誦準提廣咒。

北宋初期，法賢法師譯出《持明藏瑜伽大教尊那菩薩大明成就儀軌經》，篇幅長達四卷。法賢法師原名天息災，雍熙四年（九七八）奉詔改名為法賢，於咸平三年（一〇〇〇）圓寂，他傳譯準提經典應該是在這個期間內。

這部儀軌經典共有六分：(1)〈大明成就分〉，說明修持準提法的殊勝功德。(2)〈觀智成就分〉，詳述準提法門的修持儀軌與觀想方法。(3)〈造㡧像分〉，解說繪製準提菩薩畫像的方法。(4)〈作曼拏羅法分〉，製作修法曼荼羅的細部指導。(5)〈護摩法分〉，說明修習護摩法（火供）的供養與步驟。(6)〈尊那菩薩持誦法分〉，解說準提法門的修習儀軌。這部經典的屬性其實是修持儀軌，代表十世紀時印度準提行法趨向繁複的演變形式。

準提法門以持誦〈準提咒〉為中心，在較早漢譯的準提佛典中，講述的修持方法相對簡易，未設定太高的修行條件；主要強調虔敬、專注與精進持誦明咒，持之以恆。後來譯出的經典逐步趨向繁複與專業化。宋代傳譯的較大部準提經典就以專業修行者為傳法對象，必須具備一定的財力與護持，投入適足的時間與精力，始能在修法活動上順暢運轉。儘管如此，一般持誦者仍可從複雜儀軌中汲取某些啟發與指導，融入對自己合宜可行的方法，以強化咒語的持誦修習。

（二）準提儀軌的西天東來

現存四種漢譯的準提儀軌都在唐代譯出。善無畏法師譯出的二種，內容大同小異。金剛智與不空二位法師在他們所翻譯的準提經典後面，都附有次第相對嚴謹的持誦儀軌，應當視為獨立於經典的準提修習典籍。

1. 善無畏法師的簡易行法

善無畏法師來華前，在印度時期已在修持準提法，靈驗事跡在史傳中有所記載。《宋高僧傳．善無畏傳》說他曾經依附商船遊歷各國，常私下修持禪定與念誦。某次商人遭遇盜匪，冒險拚命，善無畏憐憫同行夥伴，默默諷誦真言咒語，感得七俱胝尊（準提菩薩）全身顯現，結果帶頭來犯的一群強盜被其他盜匪所殺，存活的匪徒懺悔皈依，並為法師他們指示安全道路。

善無畏法師後來將準提行法帶到中國，譯出《七佛俱胝佛母心大准提陀羅尼法》一卷，及《七俱胝獨部法》一卷，兩本內容非常相近。傳譯時間應該介於開元五年（七一七）他奉詔翻譯經典，到開元二十三年（七三五）示現圓寂之間。他所譯傳的行法凸顯準提法門是「獨部別行」（獨立於諸部密法之外的殊勝行法），總攝二十五部密法（佛部、蓮華部、金剛部、寶部、羯摩部又各具五部），修持容易，功用不可思議。

善無畏法師所傳行法另有一大特色，在家佛教信徒即使不斷絕酒肉與夫妻關係，同樣能得到深度修行成就。除了齋戒、結印、持誦、供養、觀想方法的淺易指導，還強調一面鏡子即可作為修法壇場，隨身攜行。這些都別異於體系性的密宗行法——要求擇取吉祥地點、精心布置、廣設供養、儀軌複雜等。

他所傳授的準提行法雖說「在家人飲酒食肉、有妻子，不簡淨穢，但依我法無不成就」，應該只在表示準提法門也適合沒受出家戒、或未嚴持齋戒的在家居士持誦，非指刻意違犯戒律與放縱情欲，仍不致妨礙修持效果。依照佛教修行慣例，在家居士亦應持守五戒、八關齋戒，以增益修持效驗。

善無畏法師所傳譯的念誦行法簡便易修，與準提經典的精神意趣頗為相符，利於普及推廣。甚至某些修持條件相較經典所說還要寬鬆，像是「獨部別行」的觀念，用鏡子作為壇場的創意，以及修持可不斷酒肉、妻子，在漢譯的準提佛典之中，都僅見於由他所傳的這二部行法。

2.金剛智法師的專修行法

金剛智法師來華的那一年，有施用準提法祈雨靈驗的事跡。當年從正月到五月長時不雨，向山川神靈祭禱，都不見效果。國家詔請金剛智結壇祈雨，他於是依照不空鉤菩薩行法，於所住地方建立壇場，親自繪製七俱胝菩薩（準提菩薩）像，開光修法。到了第七天午後，突然颳起西北風，大雨磅礴直下。（《宋高僧傳．金剛智傳》）據此，準提行法應是他相當看重的密法。

金剛智法師在其開元十一年所譯的準提經典後面，附有《七俱胝佛母准提陀羅尼念誦法》，精神意趣與修持方法對比於經典內容，已經大有不同，應該算是獨立的修法儀軌典籍。〈金剛智傳〉說他譯出《七俱胝陀羅尼經》三卷，想必是將經典與儀軌各別視為一卷。

有別於善無畏法師所傳行法的簡單易行，金剛智法師這部準提儀軌對於壇場布置、持戒發願、結印、念咒、觀想等，都提出相對嚴格的操作規範，已趨於專業化的密法修持模式。這部儀軌先說明行者應發起菩提心與四弘誓願，修菩薩行，追求出離，持戒清淨，心不散亂，方能進入這個密法。

進入道場修行之時，有潔淨身心、嚴飾道場、安置聖像、設曼荼羅、備辦供養等各方面的高度要求。無論出家或在家行者，都應當持守戒行（在家者持八關齋戒）。正式修法階段，禮敬諸佛菩薩，虔心運想，修習懺悔、隨喜、發願，然後心無妄想，專志一心，手結印契，口誦真言。

修持儀軌的次第是先依序結佛部、蓮華部、金剛部三部的三麼耶印契（三昧耶印，警覺各部聖眾前來加持行者的手印），口中誦念相應的咒語。其次，手結「準提佛母根本身契」（準提印）與誦念準提咒心。接下來，次第列舉與說明儀式過程中用到的其他各種印契與真言，達十八種（合前述四種則總計二十二種）。修持者對整個儀式程序及這些手印和咒語必須熟習，否則難以順利修法。

念誦儀軌中較為精深的方法如「布字契」，手結印契，想自身猶如釋迦牟尼佛，觀想準提咒心「唵折隸主隸準提莎嚩」各字分別布在身體某個部位，各有其顏色與蘊涵法義。又如結「把數珠印契」之後，觀想準提菩薩口中發出七俱胝陀羅尼字母，放五色光，進入行者口中；然後持念準提咒心千遍以上；觀想九個字門與不生不滅實相相應的法義。此外，說明觀想準提菩薩為二臂、四臂、……十八臂、三十二臂、八十四臂，各代表何種法義；如十八臂表十八不共法。

儀軌最後，說明欲求息災、增長、呼召、降伏（息、增、懷、誅）的修行目的，應採取的身業修法與口誦真言。結束行法之前，簡要說明繪製十八臂準提菩薩像的材料及身色形貌、各手的印契和法器等。

3.不空法師的承傳與改訂

不空法師在其所譯準提經典之後，同樣附有《七俱胝准提陀羅尼念誦儀軌》，這個儀軌法本在漢文《大藏經》中亦可見到單行流通的情形。不空所傳譯的準提儀軌與其師金剛智的念誦法存在諸多重疊之處，但儀式順序有所調整，內容也有增補改訂，特別是添加各個修法印契的觀想內容。

首先，是對嚴飾道場的高標準要求；然後念〈警覺地天神偈〉與〈地天真言〉（〈安土地真言〉），祈請土地神尊加護道場。行者每次進入道場應先禮佛，修懺悔、隨喜、勸請、發願，自誓受菩提心戒而念誦〈菩提心戒真言〉，觀思菩提心的深刻意義，期願速滅一切罪障，真言速得成就，感得本尊現前。

行者自誓受菩提心戒以後，正身禪坐，結禪定印，觀想虛空中準提佛母與七俱胝佛陀圍繞，於定中禮敬一切諸佛與準提佛母。然後，手結佛部、蓮華部、金剛部的三麼耶（三昧耶）印，口念相應的真言。相較於金剛智法師的念誦法本，不空在手印與真言之後都添加觀想思惟的法義文字。接下來，列示各種細部修法與供養儀節所用的印契和咒語，也都有其應觀想的法義內容。

在「布字印」部分，同於金剛智法師的處理，解說各個種子字與般若波羅蜜空義相應的涵義。然而，未見到說明準提菩薩不同臂數所象徵法義的段落。最後，指導息災、增益、敬愛、調伏四種修法，及準提佛母畫像法。

以上概述善無畏、金剛智與不空三位譯經大師所漢譯的準提儀軌法本，呈現出二組修法模式的對比。善無畏法師的行法內容質樸，側重簡便易行，特點還有獨部別行、準提鏡壇、修持條件寬鬆，一般持誦者容易遵行。金剛智與不空二法師的儀軌具有相承關係，適用於專業修行者，規範相對嚴格。修持者應當發菩提心、持戒懺悔、精進禪修、思惟實相，精心建立壇場，儀軌趨於繁瑣，可能需要有力外護的支持。

三、準提法門的漢化演進

唐代漢譯了準提經咒與儀軌，實際的修持與弘通情形，由於文獻記載非常稀缺，不易得知。準提法門在其初傳時期，還有待成長與茁壯。在《宋高僧傳》裡，只覓得兩位唐代法師修持準提法的資料，但至少代表唐代確實有人在修行此法。其中一位是卷四「義解篇」所記曾經參與玄奘譯場的大慈恩寺嘉尚法師，他「錄俱胝畫像一千幀，造十俱胝像」，積極推廣準提行法。另一位是卷二十「感通篇」的婺州金華山神暄法師，他念誦〈七佛俱胝神咒〉，日夜不斷，多有靈驗。他大概就是後代禪門中所傳頌的「俱胝和尚」。

北宋的情形與唐代類似，儘管準提佛典續有傳譯，想找出有人修持準提法門的文獻記載卻相當困難。宋代禪宗語錄流傳俱胝和尚的故事，然而，這個公案意在呈現頓悟禪法的優位性，與準提修行已脫離關係。

與此同時，準提密法在遼王朝獲得高度重視，他們並且接受漢傳佛教的華嚴、密宗、禪宗等各宗義理，從而促成這個行法的顯密交融開展。後來在特殊歷史因緣下，顯密融通的準提行法轉經蒙元佛教回傳漢地。

(一)顯密融通的理念開拓

歷經中、晚唐的戰亂與毀佛等事件，教理體系深廣的顯教學派，及修行儀軌複雜的密教傳承，所受到的衝擊尤其巨大。兩者都有不易普及的特質，在生存與發展上比較仰賴有力的外護善信。處在動盪混亂的環境中，繁瑣化密教得不到皇家宮廷與上層社會的護持，逐漸失落其生存的土壤。還有一個因素，中國化的佛教已成氣候，特別是簡易修行的禪宗與淨土教法，在各階層廣泛流行，印度密教的競爭力大幅下降。

相較於準提密法在漢地佛教圈中的沉寂，在遼、金等邊疆民族所建立的王國，興許氣性相投，這類密教行法反而易被接受。遼王朝擁有從中國內地流傳過去的大量漢譯佛教經論，包括密教典籍；漢傳佛教的宗派義學著述也在這個國家傳習。另外，遼代設立了譯經院，有中印度摩竭陀國僧人慈賢、西印度僧人摩尼，在這裡翻譯一些新出的瑜伽密教佛典。這是一個顯密佛教匯融的國度，印度佛教與漢傳佛學都屬外來較高文化，並行不悖。

1. 遼王朝的顯密交匯

漢傳佛教的顯教宗派當中，華嚴佛學在遼地最獲青睞。遼道宗本人推崇華嚴教理，撰寫《華嚴經隨品贊》十卷；另有鮮演、思孝等華嚴大家。鮮演法師弘揚華嚴學富有盛名，他著作《華嚴經談玄抉擇》六卷，遠傳到朝鮮、日本。鮮演法師闡發華嚴法界的無盡圓融義理，主要參考華嚴四祖澄觀的經典疏鈔，同時融入五祖宗密的真心如來藏思想。

遼代密教在皇家與民眾之間傳播廣泛。在密教法義的傳弘方面，主要承襲唐朝密宗學說，流行善無畏、一行兩位法師所傳《大日經》系的胎藏界密法，並且涵融金剛智、不空二位法師所傳的金剛界密法。顯密融通是一個重要趨向，將密宗教理與華嚴圓教予以會通，強調顯密教法的殊途同歸，並表彰密法有其特殊修行功效。

覺苑法師奉道宗之命撰述《大日經義釋演密鈔》十卷，獲賜「總祕大師」的尊號。覺苑法師的《演密鈔》疏解唐代密教大師一行所記述的《大日經義釋》。一行法師的這本經疏在漢地久已湮沒，經覺苑法師發現整理而得以收錄於藏經。

《大日經義釋》卷首有溫古法師所作的序言，覺苑法師在解說序言時，指出溫古即是金剛智法師在翻譯《金剛頂瑜伽念誦法》、《七俱胝陀羅尼經》等佛典時的筆受者。覺苑法師闡釋一行法師所傳述的《大日經》密教義理，對澄觀法師的華嚴學說也多所參考，在文義講解當中經常引證《華嚴經》、《起信論》，開出顯密融通的義學範式。

2. 準提法的顯密圓通

遼道宗時代（一〇五五—一一〇一），五台山金河寺的道㲀法師撰述《顯密圓通成佛心要集》（簡稱《顯密心要》）二卷，論說顯教心要、密教心要、雙辯顯密，及表述自己遇到佛法的慶幸與感懷。他深受覺苑法師的密教思想所影響，推崇顯密融通的佛學理念，闡釋顯教真理的觀行次第，及準提密法的持誦儀軌，對後世漢化準提法門的修行觀念啟發良多。

道殿法師主張顯教與密教都通向「圓教」的終極體悟，唯因學法路徑不同，而有「顯圓」與「密圓」之分。顯圓指向華嚴教理，修習進路是「先悟毘盧性海，後依悟修滿普賢行海」。密圓即是陀羅尼教法，神咒本身自足地蘊涵毘盧性海與普賢行海，透過專精修持以使其開顯出來。「顯密圓通」可說是整體佛法的根源性理論，顯密二教必須達致同一的真理境界，否則佛陀所教導的一味真理便會發生分歧。

根據準提佛典，在密法當中，準提法門有其最為殊勝的地位。〈準提咒〉由一切諸佛菩薩所共同宣說，屬於「獨部別行」，總體含攝「二十五部真言壇法」。換言之，準提法門包含所有密法，修持一法等於修持一切法門。「獨部別行」是承自善無畏法師所傳的準提行法。道殿法師並且倡導善無畏法師所獨傳的準提鏡壇，這也是別於諸部密法的一大特色。

既然準提法門總攝一切教法與行法，單純持誦〈準提咒〉即已足夠，為何佛陀還教授其他那麼多顯密教法？何以須要強調「顯密圓通」？這其實是基於學法者在稟性、愛好與智慧潛能上的不同，致使適應他們的修學方法有所別異，達到圓滿成就也就有了快慢之分。

3.上根者應顯密兼修

如果是上上根人，應當顯密雙修，相輔相成，思惟華嚴無盡圓融法界，而以身、口、意三業修持〈準提咒〉。這又分成二類根機：第一種是久修者，智慧潛能足夠深厚，可以顯密同時修行。第二種是具有一定潛質的初修者，先修好顯教普賢觀法，再修密教三密加持；或是反轉過來，先修好三密加持，再踐行普賢觀法，兩種順序皆可。道𡶶法師謙虛地說自己屬於下根材性，內心依然崇尚顯密雙修。他其實高度肯定顯密並行，這是達到快速成佛的理想修行途徑。

至於中下根機者，缺乏適足的顯密合修能力，姑且隨從個人的稟性與所好，或是專攻顯教，或是單修密法，也都是可行的。等到智慧能力得到提昇，成為上根之人，自能將顯密二教結合起來修行。鈍根者單念咒語仍處在修學成長的過程，非如利根者唯用持咒即能通達深層體驗，此點必須有所分辨。

有人學習顯教，便輕視、毀謗密教的宗旨；有人專修密法，而忽視、褻瀆顯教的意趣，道殷法師認為這兩種態度都屬偏誤，大可不必。顯教指引最高真理的領悟，密法增益修持的快速推進，各自有其功效，相合則美。只是考量到佛教行者的根器優劣，而有合修與單修的不同指導，必須深思個中用意，不落入偏執心態。

現今實踐準提法門者，有人日日專心勤念〈準提咒〉，值得讚歎隨喜。如果抱持否定經教法義的態度，那就應當好好思惟「顯密圓通」的深義了。準提法門的持咒效驗很大，然而，作為一種大乘菩薩法門，其修行的目標何在？正確的修法態度為何？如何方是有效的實踐進路？這些問題宜加釐清，依循正軌，避免導致發心偏差與修學停滯。

（二）明清佛門的持誦風氣

準提法門回傳漢地佛教圈，蒙元時代是個重要契機。元朝是蒙古人在中國大地上所建立的帝國，皇親貴胄信奉與支持藏傳佛教者眾，尊奉吐蕃高僧為國師，也接納遼、金佛教，修行密法的風氣鼎盛。至於漢傳佛教，他們出於對佛教的整體尊重，採取與藏傳佛教兼容並蓄的態度。

1. 準提法門回傳漢地

元人所編的《至元法寶勘同總錄》中，著錄了地婆訶羅、金剛智、多羅句鉢多等法師漢譯的三種準提經典，及一種「蕃本」（藏文譯本）。會納入多羅句鉢多法師的譯本，多半參考到金朝所勘刻的藏經。至於藏譯準提經典，則不知何人、何時所譯；還有譯經所據底本是梵文抑或漢文，同樣無從知曉。無論如何，此事可證明元代佛教界知悉準提經典，而且此經也曾傳入藏地譯為藏文。

準提行法在元代的傳習情況，因文獻缺乏記載，無由窺知其情勢；然而，存在兩種資料可證明這個法門確實流行於當時。其一是元代主持《磧砂藏》補刻的管主八在《顯密心要》跋文中，提及他勘刻流通此書，及推動將其收入藏經。其次，是現存許多機構收藏的元代準提鏡；出現作為壇場的鏡子，表示有人用來修持。採用準提鏡壇，想必受到《顯密心要》的影響。在遼地漢化的準提法門就在如此因緣際會之下，通過蒙元藏傳佛教之手回頭影響中國內地佛教。

準提法門的修持儀式可繁可簡，《顯密心要》採用善無畏法師所傳的簡易行法，不須耗費許多財力以莊嚴道場與供養三寶，一面準提鏡即為行動壇場，甚至單純持誦咒語亦可，在各類密教行法當中，具有容易普及的條件。再者，僧俗各界對其靈驗力的見證與推崇，其中不乏著名僧人與社會菁英，產生推波助瀾的作用。在明、清時代，準提法門的修持蔚然成風。

2. 明代修持準提之例

明、清二代許多法師在注解佛經與開示教法時，經常提及〈準提咒〉，甚至有專門指導準提修行方法的開示，代表這個法門廣為佛門知識分子所知曉。以下先舉明代的幾個例子：

無相法師在《法華經大意》卷上，提及一些當時聽聞的流行說法：「蓮花這種大藥，服用的話，便可與日月同壽。持誦〈準提真言〉，那就與宇宙天地同一。」

可見持念〈準提咒〉的普及情形。

漢月法藏禪師在《三峰藏和尚語錄》卷五說到：一部《大藏經》中，密教的法門很多，而顯密圓通，就獨獨舉示準提一法。已悟者得到此法，如龍得水，如虎靠山；未悟者得到，就能於不可思議的境界，預先具足佛祖、菩薩的廣大功德力用。

《無異元來禪師廣錄》卷二十一，以一心法界的真理觀來提點準提修行：持誦〈準提咒〉的話，應當觀照諸法無自性，五蘊、十八界無我，體悟法界真理，渾然成為一大圓鏡智，又稱為一心，然後觀想鏡壇、觀想聖像、觀想諸梵字母。

交光真鑑法師在《楞嚴經正脈疏》卷七說：若不能完整持念（楞嚴）咒，可從「唵」字以下持念咒心，就好比〈準提咒〉九個聖字之例。又如寂光三昧法師在《梵網經直解》卷下說到，修福者可做的善業之一，是為一切行法建立其修行場所，如修行〈準提咒〉者，應當為他們建立準提堂。

3. 清代修持準提之例

清代著名法師或居士的著述中，同樣可找到解說與修習準提法的許多例證；在佛門禮儀當中也納入對準提經咒的禮敬與誦念。聊舉數例如下：

覺浪道盛禪師所撰〈佛母準提脩懺儀序〉，指出觀音與準提的救世最為靈應，準提即是觀音的普門示現。〈準提咒〉乃是法界祕密藏中的三昧王，能出生諸佛菩薩的智德莊嚴，所以稱其為佛母。他並強調修準提法貴在信心不疑與一心持誦。

《為霖道霈禪師餐香錄》卷二有〈準提菩薩讚〉，讚歎說：我觀菩薩本來無身，而普遍顯現身形，施福有情眾生。或慈悲或威嚴地廣泛攝受，是七俱胝佛陀所師學，因此世間尊稱為佛母。所說的神咒是五部密法之主，救護眾生，利益廣大。又《為霖道霈禪師還山錄》卷四說到，道霈自己所行懺悔法有二，即《八十八佛懺》與《準提懺》。

儀潤法師在《百丈清規證義記》卷三，列示農曆三月初六（今普傳為三月十六日）準提佛母聖誕的祝禱儀禮。咫觀法師所編的《法界聖凡水陸大齋法輪寶懺》，其中包含禮請三部準提經典、尊那菩薩真言曼荼羅法、《顯密圓通成佛心要集》的三個段落，及對他們的簡介。

《楊仁山居士遺書》卷八建議可結合密教法義修持咒語，他說：現今學佛者只持誦〈準提〉、〈大悲〉等咒語，至心誠懇，也得到密法的利益。想要了知其中奧妙，必須閱讀《大日經疏釋》，及《顯密心要》、《大藏祕要》等著述，即能知曉。

臺南府城四大名寺之一的法華寺，原為明鄭遺老李茂春的故居，名為夢蝶園。李茂春過世後，僧友將其改建為「準提庵」，供奉準提菩薩。這是文獻中所記載臺灣最早的準提信仰。入清以後，將其重修為佛教寺院，更名法華寺。

4.明末四師與準提法

明、清時代關於準提法門的修行指點，更具代表性者，要屬明末四大師的開示法語與修持經驗。另外，袁了凡居士的修行事跡也在中國宗教圈中為人所耳熟能詳，讓許多人因此得以聽到準提法門。

蓮池大師雲棲袾宏在編訂《諸經日誦集要》與佛事儀軌時，將〈準提咒〉納入其中。他歸心淨土法門，在《阿彌陀經疏鈔》卷四有人提問：修準提法的功德至為廣大，為何單只持念佛名就能勝過它？他回答說：準提是因地菩薩，彌陀是果位如來，持〈準提咒〉既然有神奇功德，念彌陀名號難道就沒有神妙感應？他相當肯定準提法門的修持功效，只是判定彌陀如來果位勝於準提菩薩因位，而由準提行法的神功來襯托淨土念佛的妙應。

《紫柏尊者全集》中唯見一處，卷十七收錄紫柏真可大師所寫〈準提菩薩贊〉，其中有言：一念無所生起，一切功用全具足；手臂種種執持，超然脫俗無繫累。眾生多有煩惱，修行方便各不同；持咒陶鑄習性，蓮花開在欲泥中。紫柏大師以禪悟解準提，說明準提法門具足無量功德，修行須依於般若慧觀的基礎；眾生煩惱紛飛，可多持念〈準提咒〉來淨化心靈。

憨山德清大師的《憨山老人夢遊集》卷三十四收有〈準提菩薩贊〉，依華嚴與禪來解釋密咒，述說持咒修行原理。三世諸佛皆從準提微妙密印出生，密咒印即是佛心，我心持咒就是在持念佛心，貴在日用之間專精持誦，自然通向解脫成佛。同書卷七有〈示顏仲先持準提咒〉，指點在家居士修行，適合持〈準提咒〉入門，用至誠懇切之心來持念，易於得力。卷十八有〈答徐明衡司馬〉，建議他單持〈準提咒〉或〈金剛穢迹咒〉，助益熏發剛健堅毅的氣性。

蕅益智旭大師的《靈峰宗論》卷一收入〈持準提咒願文〉，他曾立下十二大願，而持〈準提咒〉一百二十萬遍。在一百二十萬遍持誦圓滿時，更發起成就修行、勘刻藏經、窮究法門的三大誓願，結壇持咒三十萬遍。蕅益大師透過持誦〈準提咒〉來助成廣大佛教誓願。

《靈峰宗論》卷三有人請問：顯密都是圓教，為什麼說持念佛名勝過〈準提咒〉？他回答：密法極盡準提神力，能以肉身前往十方淨土；顯教極盡念佛三昧，以肉眼平等見到十方如來，實際上並無勝劣。又於〈答準提持法三問〉說：不論是顯教或密教的千經萬論，宗旨都是直指人心，見性成佛。諸佛用大智慧鑑照有情根機，授與相應的法門。這也是關於準提法門的顯密融通開示。

袁了凡習得準提法門的傳奇故事，啟發了很多人。《了凡四訓．立命之學》記述，他因一生全被算定，壽命不長，子嗣缺乏，而心灰意冷。某次，在棲霞山中與雲谷法會禪師對坐一室，禪師驚訝於他在三天不起妄念。一問，得知原委，告知佛教的因果正見，命運並非固定不變，命數拘限不了極善極惡的人。應當積極修行，來使人生向善向上。

雲谷禪師向他傳授改轉命運的方法：於佛前真誠懺悔，發願行善，廣積陰德，及持念〈準提咒〉。持誦方法如下：「汝未能無心，但能持〈準提咒〉，無記無數，不令間斷，持得純熟，於持中不持，於不持中持，到得念頭不動，則靈驗矣。」積極修福，加上勤念〈準提咒〉，後來了凡居士的命運果然完全改觀。

準提法門的風行一時，更滲透到佛教叢林日常當中。例如，有的寺院特別設立準提閣、準提堂。《禪門日誦》與《佛門必備課誦本》所收「十小咒」包含〈準提咒〉，期願罪業消除、所求如意、往生淨土、快速成佛。《二時臨齋儀》誦念〈準提咒〉，祝願虔心供養飲食的護法居士，布施獲得利益與安樂。中國佛教以農曆三月十六日為準提菩薩的聖誕。在《觀音靈驗記》、《淨土賢聖錄》、《居士傳》中，都可找到修持準提法的事例。

（三）明清學人的準提著述

一種佛典或行法在某個時代的流通與影響程度，可供作為一種判斷上的參考標準，是當時有多少佛教學人為其撰寫疏釋著作。明、清時代的準提著述，現存者包括：明初夏道人所編《大准提菩薩焚修悉地懺悔玄文》一卷；萬曆四十年（一六一二）施堯挺所撰《準提心要》一卷；天啟三年（一六二三）謝于教所編《準提淨業》三卷；康熙四年（一六六五）受登法師所集《準提三昧行法》；清初弘贊法師所著《七俱胝佛母所說準提陀羅尼經會釋》三卷，及《持誦準提真言法要》一卷。其他已經佚失的著作就不予考述了。

1.《大准提菩薩焚修悉地懺悔玄文》

這部懺法署名明初的夏道人所編制，成書年代不詳。懺本之前有順治九年（一六五二）項謙（弘慈）的序文，及順治十四年（一六五七）福徵法師等人的序文，足知在這個時間以前已在流通。這部懺儀較為特殊之處，是稱準提菩薩為「尊那」，及某些奉請的菩薩名號，都顯示編制者接觸過宋代法賢所譯的準提經典。然而，有些奇特的菩薩名號非出自佛典，獨見於這個懺本。

這部準提懺本的重要儀禮包括：奉請及禮敬聖眾、偈頌讚歎、歸命禮拜準提佛母、一一觀想其身相與所持法器、歸命禮拜護法菩薩聖眾、持誦〈準提咒〉、志心懺悔、志心發願。修懺的目的，本來應是懺悔消業、成就道業；然而，從序文中看到的推崇緣由，大多是趨吉避凶及人生榮顯。對於這個準提懺法的主要信奉群體，由此可窺見一斑。

在懺本的最後，以附註方式指導修持方法：行者修習觀想、持誦咒語時，應當先了知諸佛、眾生與我心是同一圓明，現前一念圓滿具足，而恆常安住甚深境界，慈悲憶念一切有情，以三密相應而得悉地成就。修持法中所示觀想雖多，不外梵字咒聲、總相別相；以及最終遠離能觀所觀、能持所持，一事一理全是不思議祕密理境。如此修持，何必憂慮佛果不能圓成、罪障不會消滅、悉地無法成就？

2.《準提心要》

《準提心要》的編輯年代，依書前施堯挺所撰的序文說作於壬子年，及書中「寶像記」末標示於癸丑年所補，聖嚴法師在〈明末的居士佛教〉推斷是在萬曆四十年到四十一年（一六一二—一六一三）。這本著作是《顯密心要》「持誦儀軌」

的摘錄本，也添加了部分儀式環節。

這本著作的整體結構如下：首先是「寶像記」，是準提菩薩法相與觀法的概述；其次是「準提印法」，包含大三昧印、金剛拳印、準提印、响聲訣的解說與圖示；接下來進入「持誦儀軌」；最後是「準提咒說」，說明儀法中各個咒語的修行功用與持咒工夫。

「持誦儀軌」的程序如下：先說明準提鏡壇的用法；依序禮敬準提菩薩、準提會上佛菩薩、護法護咒聖眾；誦〈普供養真言〉（下附相關的結印、觀想說明）；誦〈淨法界真言〉（二十一遍）；誦〈護身真言〉（二十一遍）；誦〈六字大明真言〉（二十一遍）；誦〈準提真言〉含〈一字大輪咒〉（一千零八十遍，或一百零八遍後再加數百遍）；誦念〈圓滿補闕真言〉（十遍）；依序禮敬準提菩薩、準提會上佛菩薩、護法護咒聖眾；收鏡入囊。

與《顯密心要》的儀軌對比，次第大致相合，《準提心要》主要補充了禮敬準提菩薩與聖眾、〈普供養真言〉、〈圓滿補闕真言〉。整體儀軌是《顯密心要》的精要版，而有進一步漢化的痕跡。

3.《準提淨業》

《準提淨業》的篇幅有三卷，是較為詳細的修持指引。編集者謝于教在序文中說明此書以《顯密心要》為基礎，而更注重觀行，並以普賢行願為究竟，連結到淨土法門，所以題名為「準提淨業」。

第一卷包括：地婆訶羅法師所譯經本；金剛智所譯經本的節略（以布字法、種子字義為主）；「準提真言持誦便覽」（《顯密心要》的儀軌綱目）；「持誦儀軌」（淨法界觀門、〈淨法界真言〉、〈護身真言〉、〈六字大明真言〉、〈準提咒〉）；「淨業續課」（《般若心經》、《普賢行願品》、《觀無量壽佛經．上品上生章》、〈往生咒〉、〈回向西方願文〉、〈十念法門〉）。

第二卷是「觀行儀軌」，編集者說明主要自《顯密心要》與準提佛典摘錄「觀行」的資料，以解明顯密雙修的觀法。先前第一卷主要講明持誦，較少涉及觀行，以利流通；此卷側重觀行，兼說持誦，較切合於修證所用。第三卷是「顯密雙修觀行論」，包含總論、顯教、密教，主要依據《顯密心要》；最後，加上「淨業圓修說」，論說淨土行業的圓修方法。

《準提淨業》比較特殊的地方，是加入幾種淨土經典與文獻，將準提修持儀軌、顯密二教觀行與淨土觀修法門連結為一體，融通互補，嘗試達成顯、密、淨三教的圓通。

4.《準提三昧行法》

《準提三昧行法》是由明末清初的天溪受登法師（一六〇七—一六七五）在康熙年間所纂集。受登是天台三十祖幽溪傳燈法師的再傳弟子，他立基於天台懺儀的架構來制訂準提懺法，全篇結構如下：「述勸修第一」，講述持咒功德，勸進修行。「明受戒發心第二」，說明修持者應受持戒律與發菩提心。「定行人及日期時數第三」，主張共修人數應在十人以下，禮請一位阿闍黎（教授師）傳授戒律與觀行方法；懺期可從七日到四十九日，以二十一日為佳，前面再加七天的預修期。

然後，進入「出正修法第四」，強調理、事二修相合，以無生理觀作為前導，正式修懺儀式的十個科目如下：(1)嚴治道場；(2)清淨三業；(3)三業供養；(4)請三寶諸天；(5)讚歎申誠；(6)作禮；(7)持咒；(8)修行五悔；(9)行道旋繞；(10)入三摩地。在儀式過程的特定環節，依據《法華三昧行事運想補助儀》與準提經典儀軌補充觀想內容。

受登法師這部準提懺儀是在天台懺法的精神與框架基礎上，將儀節的相關部分置換為準提經典與儀軌所述的聖眾、咒語與觀法，可說是天台懺法與準提行法的融會之作，連貫中、印顯密教法的修行智慧與經驗。

5. 弘贊的會釋與法要

在犙弘贊法師（一六一一—一六八五）是廣東肇慶鼎湖山慶雲寺的創辦者與第二任住持，通曉義學，精修禪宗，倡導戒行。慶雲寺有修習準提法門的風氣，接引末世鈍根的學佛大眾，這是弘贊撰寫準提著作的佛教文化背景。

弘贊法師有二種準提著述，所作三卷本《七俱胝佛母所說準提陀羅尼經會釋》撰寫於《持誦準提真言法要》之前，是不空法師所譯準提經典與念誦儀軌的逐句訓解，並參照地婆訶羅與金剛智二位法師的譯文，內容繁簡適中，特重修持方法的詳實說明，是研讀準提經典的極佳參考。

在經典與儀軌的釋文後面，附加〈五悔儀〉與〈持誦法要〉。五悔指懺悔、勸請、隨喜、迴向、發願，是流行於漢傳佛教的一組增廣式懺悔行法。〈持誦法要〉的儀軌次第如下：〈淨法界真言〉；〈護身真言〉（或〈無能勝真言〉）；〈加持數珠真言〉；〈準提真言〉，咒語末尾或可加念〈佛頂大輪一字明王〉（〈一字大輪咒〉）；最後，解說念誦方法與功德。其後，弘贊法師還附帶列出其他相關真言並加以解說。

弘贊法師的〈持誦法要〉以《顯密心要》的儀式次第為基礎，而做了某些調整，主要有幾點：〈護身真言〉可用〈無能勝真言〉（出自不空譯本）取代；不主張在〈護身真言〉後面誦念〈六字大明咒〉，恐摻雜他部密法；在〈護身真言〉後插入〈加持數珠真言〉（出自不空譯本）；〈準提咒〉末尾的〈一字大輪咒〉可加可不加。

《持誦準提真言法要》是部精要的準提修行手冊，便於初機行人念誦修持，以培植善根，生發佛種。弘贊法師參考《顯密心要》的持誦儀軌，而對儀式架構進行稍大幅度的調整，刪略部分真言，改納入不空法師所譯儀軌的真言與念誦方法。可說是前述〈持誦法要〉的確定版。

《持誦準提真言法要》的儀式，首先，依序頂禮十方常住三寶、毘盧遮那牟尼世尊、準提菩薩、毘盧宮殿中八大菩薩。接下來的儀節是在佛菩薩之前發露懺悔，這應是受到不空譯本與中國懺法的啟發。這裡比較特別的，是出現法身佛毘盧遮那如來，弘贊將準提菩薩視為毘盧遮那宮殿內的菩薩。這也是一種顯密融通的方式。

其後，依據《顯密心要》所說，以金剛正坐（右腳壓在左腿上單盤）姿勢，手結大三昧印（禪定印），觀想梵字「㘕」（raṁ）而念誦〈法界真言〉（二十一遍）；接著，不念〈護身真言〉（文殊一字咒）與〈六字大明咒〉，代之以不空譯本中的〈無能勝真言〉與〈加持數珠真言〉；然後，正式持念〈準提咒〉（一百零八遍），但捨除道殿在咒尾所加的〈一字大輪咒〉。最後，依《顯密心要》說明〈準提咒〉的持念功德與方法，及成就準提鏡壇的方法，再以龍樹菩薩的讚歎偈頌做結尾。

弘贊法師會在禮敬聖眾段落列入毘盧遮那如來，與當時佛門的觀音信仰文化有關。例如，《重修曹溪通志》卷一〈憨山大師塔院〉說：「門內為大師真身堂；堂後為樓，樓上奉毘盧佛，左準提王，右觀音大士。」在毘盧殿裡，同時也奉祀準提菩薩與觀音菩薩。

另外，弘贊法師是著名佛教律師，他對《顯密心要》引述善無畏法師所傳準提行法的「不簡淨穢」，主張應當依不空譯本所說，想要快速獲得靈驗，必須斷除酒肉葷辛；若是在家居士未能全斷酒肉、妻妾，也必須戒除五辛，並於十齋日受持八關齋戒。持守戒律或受持齋戒是修學準提法門的重要基礎。

明、清二代的準提著述在精神與方法上有其共通點，又呈現多元性的發展。作者們都出於至誠信念，深入準提佛典，長期精進修持，樂意分享他們的實踐體驗。他們的修持儀軌大多受到《顯密心要》的明顯影響，或是主要依循《顯密心要》，或是強化觀行指導，或是融會淨土行業，或是根植天台懺法，或是回溯印度經典，是中、印古德精神交流的共同體現，是遺贈後世準提行者的智慧瑰寶。

第二篇

經咒儀軌的修行方法

前言

佛陀所傳教法基本上依循著「聞、思、修、證」的次第進路，首先透過法義的聽聞與思惟，建立正確的真理知見；而後憑藉各種修持法門以深化體悟；最終達於無上菩提的圓滿覺證。無論是顯教還是密教，都須要以智慧見地作為前導，否則茫茫然不知修行正確方向所趣。再者，密教行法同樣強調發菩提心，持守戒律，以增進修習成效。戒、定、慧三學，是共通於顯密二教的修學進路。

對比於顯教，密法畢竟特重神聖力量的加持，以致表現出極為濃厚的實修傾向。一種密教行法通常具備相應的本尊、咒語、手印，可能要有莊嚴複雜的壇場，及一套次第井然的儀軌，藉以快速獲致修證功德。本篇依據漢譯的準提經典與持誦儀軌，論說印度準提密法的修持模式。

一、準提佛典的修行要義

準提法門有其殊勝的修行功德、修持的條件要求，及誦念的方法指引，這些在準提佛典中都有明確的解說。清楚了解這些方面的修行要義，確立修法的信心，依照經咒儀軌的教導而落實踐履，就密法修習而言，是相對穩靠的作法。

（一）準提法門的修持功德

佛教信仰與實踐的目的，通常發起於趨吉避凶的人生願望，及尋求心理慰藉與精神依靠；更有進者，志求永久的生死解脫，乃至究竟的佛果菩提。為了達成這些目標，而從事於各種佛教修行所獲取的成果，都可稱之為「功德」。只是功德有高下層次的區分，或是階段性的，或是終極性的，修行者宜善加鑑別，不應得少為足。

1. 世間與出世間功德

《景德傳燈錄》卷三記述，梁武帝因自己廣修造寺度僧的善行，有所自滿，而向菩提達摩請問「功德」多少？得到的答案竟是沒有功德。因為這些護教事業雖然值得讚歎，但全是有漏（與煩惱相應）的人天善行，依然導向生死輪迴，並非修學佛法的真實功德。達摩大師認為真正的功德是清淨智慧的圓滿，自身空性的體悟，及塵世追求的超越。

話雖如此，一介凡夫身處塵世也不宜曲高和寡，娑婆世界中的芸芸眾生煩惱深重，生存與生命問題多重多樣，有著種種需求。通常先追求滿足生理需求，次而心理安全需求、社交需求、尊嚴需求、自我實現需求，及最終的超越需求。為了廣泛攝受生命問題多元化的有情大眾，準提佛典講述各類修行功德，涵蓋世間願求的滿足，直至無上菩提的成就，不輕末學，令其歡喜，同時指引高遠的理想目標。準提行者應當了知各層次修行功德的意義與價值所在，以期逐步提昇，精益求精。

在早期佛典的《長阿含經》卷二，佛陀說明一般人持守五戒的五種功德：(1)所求願望能夠實現；(2)財產增加而不損失；(3)處處受到眾人敬愛；(4)美好聲名遠播天下；(5)命終之後轉生天上。佛陀會照顧到大多數世人滿足俗世願望的需求，先教導人天善法。

同在《長阿含經》的卷十，佛陀說：「只應當精進修行，修習佛陀真實智慧；即使未得菩提體證，功德仍然勝過天神。」說明解脫道的修行，雖較人天善法困難很多，而其功德遠勝大眾喜愛的天道善行。就大乘佛法而言，成就佛果更須圓滿一切福德與智慧的功德，如《大智度論》卷十所說，佛陀在無量阿僧祇劫中，修行種種功德，恆常實踐種種善法，而全然不求回報。

至於大乘密教的功德觀，與顯教的共同點，是以一切功德圓滿的佛果為終極目標。《大日經．入真言門住心品》說：「在真言門修學菩薩行的菩薩們，歷經無量無數長劫時間，積集無量的功德與智慧，圓滿一切修行，無量智慧方便全部成就。」只是更加強調密教行法是佛陀宣說的不可思議道法，如果相信真言密法，則一切功德法都會迅速成就。

金剛智法師所傳譯的準提經典即說：「由誦持〈準提咒〉的善根，快速成為如來種姓，無量功德全部成就；無量眾生遠離煩惱塵垢，確定會成就無上菩提。」修持準提法門功德甚大，有助滿足種種世間與出世間的願求，但不能忘失無上菩提的功德究竟。

2. 準提經典所述功德

唐代地婆訶羅法師的譯本是現存最早的漢譯準提經典，內容簡要。經中所述修持〈準提咒〉的功德，首先，就佛法與善法的修行意義而言，包括：一切重大罪業得以消滅；出生之處值遇諸佛菩薩；生活所需能隨心如意；生生世世常能出家；完整持守菩薩戒行；轉生人天善處，不墮入惡道；常受天神守護。這裡包含獲得見佛菩薩、世世出家、持菩薩戒等大乘修行的良好因緣，及罪業消滅、所求如意、轉生善道、天神守護等善法利益。

再者，為了廣泛攝受有情大眾歡喜修學準提法門，經中更列舉得獲世間利益的各種修持功德：遠離災橫病苦、所願無不實現、話語受人相信、驅除致病鬼怪、不遭盜賊猛獸、訴訟獲勝、解脫枷鎖、消除天災疫病等。滿足這些俗世利益，人生安樂無災，有志者更能安心修學佛法。

在經典結束前的一個大段落，又回到與大乘修行相關的修持功德，講述在佛像、佛塔、佛陀聖地等處持誦〈準提咒〉，可感得觀世音菩薩、多羅（度母）菩薩、金剛主菩薩、無能勝菩薩等前來滿足所願、授與仙藥、說菩薩法、授菩提記；感得金剛手菩薩將行者帶回其宮殿；感得菩薩為其說法，得以追隨菩薩；感得一切菩薩常為善知識；使有情快速獲證無上菩提；無量善根都得以成就。

金剛智與不空二位法師所譯經典中說明的修持功德，與地婆訶羅譯本類同，而內容更加充實。金剛智譯本將發菩提心也列入修持功德之一。不空譯本特別區分在家與出家菩薩的修持功德，講述出家菩薩若能持守禁戒，每日三時念誦，依教修行，所獲功德包括：今生所求出世間悉地（成就）與定慧現前；體得菩薩十地，波羅蜜圓滿；迅速體證無上菩提。

宋代法賢法師的準提經典譯本在〈大明成就分〉說明，一心專注地精勤修持準提法門，所求願望無不成就。修持者想要見到觀自在菩薩、多羅菩薩、金剛手菩薩等，只要精進修習，這些菩薩必定現身，安慰行者，滿足他的願望。所說內容與前述三種經本的結尾段落類似，主要聚焦於菩薩道的成就。其中特別說到將來得見慈氏（彌勒）菩薩，聽聞妙法，證得菩薩地，甚至證得不退轉菩薩位。這可能源自那爛陀寺的密教修行風氣。

總而言之，精勤修持準提法門可實現一切世間與出世間的功德，非常勝妙。準提行者應當發起好願大願，以清淨心如法誦念〈準提咒〉。若在佛像處、佛塔、聖地、寺院等神聖空間修習法門，所獲功德更是難以思議。

3. 準提儀軌所述功德

善無畏法師所譯行法，標舉準提密法是「獨部別行」，總攝二十五部密教曼荼羅法的修行功德。誦念〈準提咒〉能滅除一切重罪，成就一切善法，持戒功德清淨，速證無上菩提。如果在家者受持八關齋戒，或出家者具足戒行，一心清淨，依法誦持，則不轉這個人身即可證得菩提（《七俱胝獨部法》說是前往四方淨土），具有大功德力。這些是佛法修行面向的功德，令發大心的學佛者讀來歡喜。

在世間利益方面，依法誦念一百零八遍，使短命者增長壽命，加摩羅疾（一種不治惡疾）等一切病痛消除。若能一心靜思，誦滿二十萬遍至六十萬遍，世間與出世間法無不成就。其他所列示的修持利益，諸如降伏致病妖魔精怪；獲得世間福祿吉慶；水火、戰爭、仇家、毒藥不能傷害；家宅平安；六親和樂；眾人愛敬；獲得長生等，這些功德都是攝受有情學習佛法的方便，頗具吸引力。

金剛智法師所譯準提儀軌在「布字法」部分，說明觀想〈準提咒〉的唵、折、隸、主、隸、準、提、莎嚩、訶九個字母的精義，以偈頌表達可得的相應功德如下：「除滅一切障，即同佛菩薩」；「為照諸愚暗，能發深慧明」；「能顯諸色相，漸具如來智」；「猶心清淨故，速達菩提路」；「猶觀是色相，能被精進甲」；「速令登道場，不退菩提故」；「速證菩提道，得坐金剛座」；「常能想是字，速得轉法輪」；「行者作是想，速得達圓寂」。這些都指向成佛功德。

不空法師所譯的準提儀軌中未見類似的偈頌，但總結布字法的觀想功德說：憑藉誦咒、結印、觀想的修行得力，修持者當下成為準提佛母身，滅除一切業障，積集無量福德吉慶，身體成為金剛不壞體。若能恆常一心專注地從事觀行，則一切悉地（成就）都能現前，快速證得無上菩提。

金剛智法師所傳儀軌最後說明準提法門用於「息、增、懷、誅」四法的修行功德。息災法為求驅鬼除病、消災解厄、煩惱解脫等。增長法可求財富榮顯、聰明智慧、神通成就等。修敬愛法為求受人歡喜敬愛，呼召天龍鬼神。修降伏法得以降伏邪惡鬼神、損害三寶者、業障深重者，使他們能發菩提心，修行善業。這些功德帶來人生安樂，五福臨門，更重要的是能夠增進佛法修學。

遼代道㲀法師在《顯密心要》的「敘述密咒深廣功德」部分，將念誦〈準提咒〉的功德歸結為十個方面：⑴護持國王，安樂人民；⑵能滅罪障，遠離鬼神；⑶除身心病，增長福慧；⑷凡所求事，皆不思議；⑸利樂有情，救脫幽靈；⑹是諸佛母，教行本源；⑺四眾易修，金剛守護；⑻令凡同佛，如來歸命；⑼具自他力，現成菩提；⑽諸佛如來，尚乃求學。準提行法對於各類世間與出世間的功德，均能助其圓滿。

（二）準提密法的修行條件

準提密法如同印度密教，主要建立在《大日經》（胎藏界）與《金剛頂經》

（金剛界）這兩部純密經典的教義基礎上。這兩部經典至今仍為世上密教各派的最高修學指導。唐代密宗更揉合二部，使之相互融通，在修法上打破了兩界修持的涇渭之分，發展成「唐密」的特殊形態。準提密法即屬於唐密的重要行法，在義理與儀軌的完善過程中，對胎、金二部的密法多有攝取。

1. 菩提誓願為要因

《大日經》對於修行大乘密教所主張的三大要件，是「菩提心為因，大悲為根本，方便為究竟」。菩提心是菩薩道修行的內因；大悲心是成佛濟世的支撐與動力；方便是由般若體悟所開出的廣度眾生法門。三者既是為修行密教所設定的高深條件，亦可藉助密法修持使其得到快速擴充，成為相互增上的循環關係。

金剛智法師所傳準提儀軌在開頭段落即說：「發菩提心，行菩薩行，求速出離生死。」修習準提法門應當發起菩提心與出離心，引導修行方向。不空法師所譯儀軌要求進入道場修行必須「自誓受菩提心戒」，使菩提心與菩薩戒成為修持準提密法的必要條件。

不空譯本又說：「菩提心者，離一切我執，遠離蘊、處、界，及離能取、所取，於法平等，自心本不生，自性空故。如過去一切佛菩薩發菩提心，我亦如此。」指示要在空性智慧的基礎上來發菩提心。又說：「（觀）照六道四生輪迴有情，深起悲愍，施與安樂。」這是大慈悲心的表達，對於一切有情，慈以與樂，悲以拔苦。智慧與慈悲對修持準提法門而言，同為不可缺少的菩薩修養德目。

2.修持條件可寬嚴

「灌頂」是修持某種密法的進入許可，密教發展成熟後，接受灌頂已成為修法的必要條件。《大日經・祕密八印品》說：「如來的祕密印契，是最勝的祕密，不應任意授與他人；除了已受灌頂，性情調伏柔軟，精進而堅定，發起殊勝大願，恭敬師長，感念恩德，內外清淨，願捨自己生命而求法者。」從這段經文中，也可看到灌頂以外的其他嚴格修法條件。

《金剛頂經》說：「從尊者阿闍梨接受灌頂後，淨化其身心，具無懼自信，至為堅定，調伏柔軟，勇敢不怯弱，恭敬師尊，人所樂見，悲愍一切有情，常行布施，安住菩薩戒，愛好菩提心。……具足種種智慧功德者，允許進入念誦，設置護摩（火供），受灌頂等法。」同樣是非常嚴格的修行標準，除了灌頂作為許可修法的開端以外，還須具足種種菩薩德行。

然而，準提經典中並未出現「灌頂」一詞。善無畏法師所譯的獨部法也無灌頂之說，儀軌簡易，修持條件相對寬鬆。一般密教行法的複雜壇場要求，善無畏法師所傳行法就用簡單的鏡壇取代，開光方法容易，行者自己在佛像前供養、結印、念咒，鏡壇即可成就。

善無畏法師所傳行法對修持的要求標準較低，說明準提法門是同時開放給僧俗二眾修持的。僧眾本身已持守出家戒律；若是在家居士，縱使飲酒食肉，擁有妻子，仍可以修行這個法門，也能獲得很高的成就，當然效果應該就不及持戒者。如此，準提密法的進入門檻不高，使這個法門得以普及而加持廣大的佛弟子。

金剛智法師所傳念誦儀軌出現一次「灌頂」：「入三摩耶灌頂道場，受持禁戒，堅固不退，愛樂大乘菩薩戒行，於四威儀，修四無量，發四弘願，永離三途，於一切事業，心不散亂，方可入此祕密法門。」進入準提道場修法須要接受過灌頂。其他進入準提密法的修法條件則為持戒堅定不退、好樂菩薩戒行、修習四無量心、發起四弘誓願，具備出離心，內心專注不散亂等。

不空法師所傳準提儀軌並未明言是否需要接受灌頂。然而，參考同樣由他所譯的《大悲心陀羅尼修行念誦略儀》，開卷就說依據《灌頂道場經》，修習陀羅尼法門，追求快速出離生死大海，疾速證得無上菩提者，應當先進入諸佛如來海會灌頂道場，受灌頂以後，發起歡喜心，從師尊親受念誦法則。看來，修持準提法門應該隱含著灌頂條件。

《顯密心要》中有說到一次「灌頂」，非如一般所知的由密教阿闍梨所授與，而是直接來自諸佛的灌頂：「又觀想一個『暗』（aṁ）字，在自己頂門十字縫中。（『暗』字就是體性，是十方諸佛的光明法水，用以澆灌佛子的頭頂。這是秘密灌頂法門。）」是運用觀想「暗」（aṁ）這個種子字，來獲得如來的祕密灌頂。這不是指修法許可的灌頂，而是智慧加持的灌頂，「暗」字即是真理體性。

一行法師所撰《大日經義釋》卷八說：「又應當以清淨眼目觀照心蓮華臺上的『阿』字門，頭頂上有一『暗』字，是百光遍照之王，以此加持自己，即等同灌頂牟尼的地位，有能力擔當金剛羯磨。」這是自己透過觀想修持所得的智慧灌頂。

修習準提法門從不需灌頂到要受灌頂，是儀軌朝向完善過程的一種發展。善無畏法師所傳簡易行法並無灌頂要求，修法的戒行標準比較寬鬆；而金剛智與不空二位法師所傳儀軌趨向成熟，灌頂、菩提心、持戒等，都構成必要條件。

（三）準提經典的持誦指引

準提法門屬於密教行法，其經典與儀軌是二類典籍，所教導的持誦方法容有不同，但經典為上，儀軌為輔，經典所說仍應視為儀軌的所依。此處主要依據各部準提經典內容以解說持誦指引，辨其異同，希望達到同中見異，異中求同。至於儀軌典籍的部分，留待下一章再做探索。

1. 地婆訶羅譯本所說

期願獲得準提法門的修行功德，長期不間斷地精勤持誦，累積足夠的修法能量，是達到成就的一大關鍵。在地婆訶羅法師的譯本，可見到持咒滿十萬遍、二十萬遍、三十萬遍、七十萬遍，甚至千萬遍，以期滅除深重罪業（以感得吉祥夢境為準），或感得菩薩示現與說法；而一次正式在壇場依法持誦，至少也要一千零八十遍。當然，經中也有看到七遍、二十一遍的例子，那應是平常即在認真持誦，遭遇到特定事件的臨時加持某物之用。

祈求實現某種較大願望的持誦時間，可於每月十五日這個特殊時日，舉行盛大供養，一日一夜，都不吃飯，持續不斷地專志誦念。為了消除水旱、疾疫等重大災患，則需要持續七天七夜，依法修持。

關於準提壇場的結壇作法及主要誦念方法，地婆訶羅譯本指示：在佛像或佛塔前，或其他清淨地點，以瞿摩夷（新放牛糞）塗抹地面，隨其大小做出方形的壇場（曼荼羅）。依自己的能力用花、香、幢幡、傘蓋、飲食、燈燭等物供養。又用香水（香料浸製的水）灑在上下四方作為結界。這是結壇之法。

在壇場的四角和中央各置放一個香水瓶，持咒者在壇場處，面向東方，採右膝跪地的姿勢，誦咒一千零八十遍。如果修持靈驗，香水瓶即會轉動。或是合掌捧花，誦咒一千零八十遍，將花撒在一個鏡面上（鏡中會有密教使者或好壞之相顯現）。或是直視鏡面，誦咒一千零八十遍，可見到佛菩薩像；如能看見，應對花誦咒一百零八遍，散花供養，想請問什麼事情，都可得到解答。這些都是請求佛菩薩決疑（成就不成就）的持誦方法，與修行相關。

以上是在壇場中比較正式的持誦方法，另有到佛像、佛塔之前，或是在菩提樹處，向右繞行誦念。其他簡易的誦念法，不拘時間、地點，包括只是誦念咒語，或是誦念咒語加持某物、誦念配合火供等。

2.金剛智譯本所說

金剛智與不空二位法師所譯經本的誦念方法，與地婆訶羅譯本的結壇方式大同小異，而在壇場的誦念方法更加多樣，說明較為明晰，可補充先前譯本未盡完備之處。金剛智譯本在先前經典的基礎上，所增加的壇場念誦法，舉例如下：

除了在壇場中央置放香水瓶，視其是否轉動，也可用清淨瓦缽，用香去熏，盛著香水與花，放在壇場中央。如果想得知成就不成就，燒香發願向佛菩薩稟告，專注誦咒，瓶子或瓦鉢向右轉表示成就，向左轉即是不成就。（不空譯本則說轉動即成，不動即不成。）

另有一法，取來好花，念誦一百零八遍，叫一個男童沐浴乾淨，穿著新淨衣服，用香末塗抹他的手，讓他捧著花遮住臉；然後自己手裡拿別的花，念誦一次就投向男童身上一次（不空譯本說拍打男童手背），男童就進入恍惚狀態，事情是吉是凶都能說出。

又有一法，用朱砂或香油塗在大拇指的指甲上，念誦一百零八遍，就會有天神、僧人、菩薩、佛陀等形相顯現。如果對三世之事心中有所疑惑，一一請問，在大拇指上自然能夠顯現出來，是好是壞都能了知。

就以上所述內容來看，結壇誦念〈準提咒〉，用意多在於決疑，了知成就或不成就、吉利或者不祥。所問之事應是世事吉凶、修持成就相關事宜。其他誦念數十萬遍者，如前文所說，是為了消除惡業罪障，感得菩薩加持。其餘針對某件世俗願望的趨吉避凶之法，就不再贅述了。

二、準提儀軌的修持規範

準提經典所示的結壇儀法與誦咒方法並不複雜，不須耗費過多錢財，在實行上相對簡易。然而，密教修習重視遵循儀軌，經典教法必須依靠儀軌來落實。漢譯準提儀軌典籍在形式上更趨於體系化，而成為唐密準提法的主要修持模式。

（一）準提壇場的布置要點

曼荼羅（maṇḍala）原本意為圓形物、圓輪、球體等，密教引來指稱壇場，可圓可方，是密教行者在修法時，用來安置佛像、三昧耶形、供具等事物的處所。成熟密法的壇場甚為複雜，這裡就不再多加描述，只依照準提儀軌典籍分析其壇場布置圖景。

1. 善無畏法師所傳鏡壇

善無畏法師漢譯的準提行法時代較早，內容相對樸實簡易。在準提經典對壇場修法的說明中，有看到鏡子的使用，善無畏所傳行法的壇場則化約為一面專用鏡子，因而在建立壇場方面，不須大費周章。

善無畏法師所傳行法對於自家的簡便特質是有清楚意識的，書中說道：「若想追求成就，先依壇場法。有別於各部密法的廣修供養、挖掘土地、用香泥塗抹來建立，（本法）以一面未曾使用的清淨鏡子，在佛像前，於某月十五日晚上，隨著自己的能力供養，燒安息香及備清淨水。首先應當靜心，無所思惟，然後結印、誦咒，對鏡子念咒一百零八遍，用囊袋或匣子盛裝鏡子，經常能帶在身邊。以後想要念誦時，只用這面鏡子，放在面前，結印、誦咒。依鏡子作為壇場，就能夠成就。」

作為壇場的鏡子必須是未曾使用過的新鏡子。開光時間必須選在某個月的十五日，在佛像前施行，具有神聖時空的意涵。儀式操作是依自己能力做供養，然後收攝心念，專注對著鏡子，結手印，誦念〈準提咒〉一百零八遍，就完成壇場的建立。這個鏡壇可隨身攜帶，用囊袋或盒子盛裝，以示恭敬，可於所在各處取出來修法，但不要讓他人看見。

2. 金剛智法師所傳壇法

金剛智法師所譯準提儀軌的壇場建立法，正如善無畏法師在其所傳法本中指出的，那種諸部密法採行的複雜方式，要求廣修供養，挖掘地面表土，而後用香泥塗抹。建立道場的方法：「首先，必須擇取一處幽靜方便的吉祥地點。」古代印度宗教的擇地方法，迥異於中國堪輿文化，有興趣者可參看《梵天擇地法》；唐代慧琳法師也依經典編輯了《建立曼荼羅及揀擇地法》。

找到合適地方，而後「在東、西、南、北四方各度量四肘長度，成為方形曼荼羅。然後挖掘到一肘深度，除去骨、石、磚、瓦、惡土、毛髮……等不潔東西，再用乾淨好土填滿築平。拿取新放瞿摩夷（牛糞）與乾淨好土，用香料熱水相和，以塗抹地面。若是在樓閣或船隻上，只依規定方法塗泥。若是在山間及乾淨房屋，就不須挖掘地面，而依前述方法塗抹裝飾。」這是對修法壇場的土地處理，確保是乾淨的地面。之所以使用牛糞和泥塗抹，因牛在印度是神聖動物；在中國則視牛糞為穢物，會將它排除在外。

隨後，是聖像的安奉與供養：「張設上方幕蓋，四面懸掛幡飾。若有本尊準提佛母像，就安奉在曼荼羅裡，面向西邊。如果沒有本尊像，有佛像、舍利與大乘經典，用來供奉亦可。研磨白檀香，塗出八個圓圈的曼荼羅，猶如滿月，或像八瓣蓮花。然後用全新乾淨的供具，金、銀、銅、海螺、玉石、陶瓷、木製等器物，盛裝種種飲食，及好的香、花、燈、遏伽花香水，依照自己的能力，布置和供養。」

壇場設置完成與供養後，便可在如此的神聖空間當中，處在佛菩薩與聖眾的加持之下，獲得良好的修持效驗。趨於成熟的準提儀軌典籍對壇場要求較為嚴謹，有別於經典所述的壇場那般具有多元彈性。

3. 不空所傳壇法

不空法師所譯準提持誦儀軌，是在金剛智法師譯本的基礎上，又增添若干儀節，特別是〈無能勝菩薩真言〉在幾個環節中，都擔當重要的加持角色。《大日經疏》卷十說明無能勝明王是釋迦牟尼佛的化身，呈現忿怒相，有降伏眾生、排除障礙的強大力量。

首先，同樣擇取吉祥地點，做出四肘正方壇場，挖掘地面表土，除去不潔雜物，以乾淨好土填平。這裡有個補充說明，如果挖出的土壤並非惡土，就用舊土回填。如果泥土殊勝，應知是個大吉祥地，有利快速成就。

接著，取來新放未落地的瞿摩夷，用香料水調和沙子與好土，作為塗飾用的香泥；要誦念〈無能勝真言〉，加持二十一遍，然後用來塗抹壇場。塗泥後，又取五淨物（牛糞汁液、牛尿、酪、乳、酥）相和，用〈無能勝真言〉加持一百零八遍，向右繞旋，遍塗壇場。壇場如果是在山間、岩石上建立，或在樓閣、船隻上，或一切賢聖得道處，只以五淨物相和塗抹即可。

不空譯本並未提及佛菩薩聖像的安奉。開光儀式，是修持者面向東坐，結無能勝印，用手按地，誦真言七遍加持壇場中心。又取來藥物、七寶和五穀各一些，於壇場中心挖掘到一肘深度，安放藥物和七寶，用舊土填平。以右手按地，誦念〈地天偈〉三遍，再念〈地天真言〉加持。然後，以檀香塗抹九個聖位（中心加周圍八圈），圓如滿月。用全新乾淨的各類供具，盛裝諸種飲食及好的香、花、燈燭、閼伽花香水，依自己的財力來布置與供養。

宋代法賢法師所譯《尊那菩薩大明成就儀軌經》卷三的〈作曼拏羅法分〉，其中壇場（曼拏羅）的製作方法解說得更是複雜細緻，除了中央準提佛母，安置於八方的菩薩與明王都明白舉出，另有八大龍王，全部是用五色寶石粉或砂粉畫成。供養佛菩薩與聖眾、鬼神等不同對象的飲食分為三品，盛裝器皿有別，必須區分清楚，都要用上味者。這種層級的布置壇場與備辦供養，須要動用到許多財力與人力，要在特殊時地由專業僧侶來修法。

以上諸部儀軌的壇場建立方式差異明顯，讓人有不知應遵循何本之感。道㲀法師《顯密心要》是採取善無畏法師所傳的準提鏡壇，對後世影響深遠。甚至鏡壇亦可省略，道㲀法師在附註說：「密藏之中，現在這個鏡壇最是精妙，總攝一切壇場。如果缺乏鏡子，只要觀想有鏡子在面前來持誦。《淨諸惡趣經》等多說：觀想成就壇法，來持誦咒語為上。或是不能觀到壇場，就只專注持咒。」最簡單的要求是可不用壇場，只專心持咒。無論是採用鏡壇或可不需壇場，對準提行法的普及推廣都相當有利。

（二）準提儀軌的修法次第

盡心盡力建立了壇場後，接著要問：準提修持儀軌是否制定嚴格的修法次第？修法次第可有簡易型與繁複型之分。繁複型如金剛智與不空二位法師所傳的準提儀軌，其修持程序比較複雜，修法者需要經過專業訓練，一般佛教行者想完整遵循恐有困難。

1. 簡易型修法次第

善無畏法師所傳行法並不複雜，具有簡便易行的特色。《七俱胝獨部法》重視每月十五日夜晚在「鏡壇」前持誦：「想持誦這個咒語，於十五日晚上，沐浴潔淨，穿上新淨衣服，面向東方，半跏趺坐（以右腳壓左腿上），將鏡壇安置面前，隨情況用香、花、清淨水等物供養。首先，應當靜心，不起思慮，然後結手印，印在心上，誦念這個咒語一百零八遍。」這是較為正式的修法儀式，對布置壇場與供養物品並無多大要求；誦念方法容易遵行，注重專心一意。

除了每月十五日晚上這個特殊時間，更說到選擇十齋日（每月一日、八日、十四日、十五日、十八日、二十三日、二十四日、二十八日、二十九日、三十日）的清晨，面向東方持誦咒語一百零八遍。這是在強調受持八關齋戒與修持準提法門的結合。然而，又開了方便門，補充說縱使擁有妻子與不斷葷辛，修行也會有效驗。一般而言，在十齋日以外的時間持咒，就不須使用鏡壇與結手印。

另外，說明在家居士以在每日清晨持誦為首選：清晨以清水漱口，尚未食用葷腥時，面向東方，誦咒一百零八遍。如此四十九天不斷，便會有吉祥事。準提菩薩派遣二位聖者常追隨其人，心中有什麼問題，他們都會在耳邊一一說明。儀式非常單純，選擇身心相對清淨的晨朝時刻，及能夠長期專心持誦，修法便會發生效驗。

其他還有先觀想準提菩薩再行誦咒，及誦咒加持物品的方法，都屬於簡易誦念行法的指導。行法的最後，提醒使用鏡壇修持之際，應當注意一件事情，就是鏡壇不能讓他人看見，及修持此法必須守密，不向他人宣說，否則不易成就，或是帶來不利的影響。

2.繁複型修法次第

金剛智法師所譯儀軌同樣要求入壇時，必須沐浴潔淨，更換新淨衣服，但要求布置莊嚴的壇場，盡自己的能力供養。然後，懺悔發願，自誓受菩薩戒；在家居士則隨力發願，受三皈五戒，或持守八關齋戒。這是修持準提法門的基本條件。

正式進入道場中，站在西南邊面向東方，一心合掌，五體投地，禮敬十方諸佛菩薩，虔誠觀想周遍虛空法界的無量佛菩薩，有無量的自己在禮拜。接著就採右膝跪地姿勢，一心合掌，懺悔自己從無始以來的三業罪過，對著諸佛菩薩真誠發露懺悔。其次是修隨喜，對三世諸佛菩薩的福德與智慧種種功德，深感隨喜。然後，以雙盤或單盤坐姿，專心禪坐，觀想六道眾生無始以來輪迴生死苦海，期願他們都發起菩提心，修行菩薩道，快速獲得出離。

懺悔、隨喜、發願之後，就用香塗抹手部，而結手印。結手印時，以衣服蓋住，不能讓人看到。首先結佛部、金剛部、蓮華部三部的三麼耶（三昧耶）印契，儀軌法本對手印結法與相應咒語都有說明，各誦三遍。

這三部是「胎藏界」諸尊的分類，是由本覺法身下轉的化他門，分別代表大定、大智、大悲。《大日經疏・入漫荼羅具緣真言品》說：「大凡此第一重，上方是佛身眾德莊嚴，下方是佛持明使者（五大尊忿怒明王），皆名如來部門。右方是如來大悲三昧，能滋榮萬善，故名蓮華部。左方是如來大慧力用，能摧破三障（惑、業、苦），故名金剛部也。」

3. 各儀節有其印契

結完「胎藏界」主要三部手印之後，緊接著是準提法門的核心，結「準提佛母根本身印契」（準提印），誦念準提咒心七遍，在頭頂上解散手印。當然，此時修持者要在心中要觀想本尊，達到身、口、意三密相應。

接下來，是一連串的印契與真言，關聯到修持儀軌中各個結壇與供養的儀式項目，順序如下：辟除一切天魔惡鬼神等契、地界橛契、牆界契、網契、外火院大界契、車輅契、迎請聖者契、蓮花座契、遏迦契、洗浴契、塗香契、花鬘契、燒香契、供養飲食契、燈契、布字契、根本契（準提印）、捧數珠契、把數珠契。

結把數珠印淨化數珠（念珠）以後，進行〈準提咒〉九字的字義觀想，這些字義都與實相空義相應。然後，是金剛智譯本獨有的「準提求願觀想法」，觀想二臂到八十四臂準提各自所代表的佛教法義。儀軌法本說明進行這樣的觀想，將會進入一切如來的三摩地門、甚深方廣不思議地，是真正的念處、真正的真如、真正的解脫。

念誦與觀行結束，要出道場，再度依照先前次第，結燒香、燈明、飲食等手契；進行供養、懺悔、隨喜、發願；接著結第一根本印契（準提印），誦念準提咒心七遍，手印在頭頂上解散；次結車輅契、迎請契，送聖者們回宮；再結外火院大界契；最後再結三部三麼耶印契，各誦真言一遍，整體禮成。此時即可走出道場，隨意經行或誦經。

不空譯本的修法次第與上述金剛智譯本類同，在結三部三麼耶印、根本印之後，所結的諸種手印大致相同，但順序有所調整。比較大的不同處，第一，是用「無能勝菩薩印」取代「辟除一切天魔惡鬼神等契」，功用都在辟除障礙。第二，未見「準提求願觀想法」的對應部分。第三，是不空譯本最重要的增補，對每個印契附加觀想內容的文字，如此，使身、口、意三密的修持指引相對完整。

(三) 身口意密的修持相應

密教所說的「三密」，包含如來自證的三密與眾生所修的三密。通常在密法修行上所知的「三密相應」，是就後者而言。身密指所結印契；語密指所誦真言；意密為所觀想的內容，諸如種子字、三昧耶形、本尊等。密教行者通過三密修持，使身、口、意三業清淨，尋求與本尊和諸佛菩薩的身、口、意三密相應。達致三密相應則密法修習成就，開啟眾生與諸佛平等的智慧功德，獲得巨大的加持力量。

1. 三密相應佛加持

不空法師所譯《菩提心論》說：「凡是修習瑜伽密教觀行的人，應當完整修習三密行，證悟以五相成就佛身的意義。所說的三密是：1. 身密，例如結手印召請聖眾。2.語密，例如祕密誦念真言，使文句了了分明，沒有錯誤。3.意密，例如安住禪定相應之清淨月圓觀的菩提心。」所結手印、所念咒語都正確無誤，而心依定境冥契於相應的祕密境界。這裡的意密是針對菩提心的觀想而言。

《大日經疏》卷一說明密教行者依身密、語密、意密三種方便，精進修持以淨化自身的三業，即能受到如來三密所加持，甚至在今生就可圓滿十地修行、諸波羅蜜；不必經歷無數長劫時間的艱苦修行，及完整修習一切對治法門。三密相應在密法修行上的重要意義，在於如此依法修習方能獲得如來三密的加持，快速圓滿修行功德。因此，修持準提法門應了知經典與儀軌所示的三密修習指導。

2.準提三密趨圓備

善無畏法師所傳準提行法在建立鏡壇處說到：「應當靜心，不起思慮，然後結手印，印在心上，誦念這個咒語一百零八遍。」自此以後，在每月十五日使用鏡壇誦念〈準提咒〉時同樣如此。這個「靜心絕慮」應帶有某種意密觀想的內容，觀想的對象是本尊準提菩薩吧！行法中又說：「若人想有所行動，應當先思惟準提聖者，專心誦念這個咒語。」明示以準提佛母作為持咒時觀想的本尊，請他指引。其他觀想方法，書中就未多說。

對照於此，金剛智和不空二位法師所譯的準提儀軌在觀法方面有了重大發展。在進入「瑜伽部」密教的時期以後，密教的觀想方法更朝向成熟的體系化建構。在兩位法師所譯的儀軌法本中，出現「陀羅尼布字法」、「梵字心月輪」及「種子字義」等精深觀法，這些都可歸屬於三密中的意密範疇。

不空譯本尤其嚴謹，對各個印契與真言都說明應做觀想的內容，使整體儀軌中的各個細部行法都具足「三密」的意義。再者，於「息、增、懷、誅」四法，不空譯本在結印誦咒時，更指示觀想白、黃、紅、黑（或青）四種不同身色的準提菩薩本尊。以下即依不空譯本，解說準提法門的三密修習方法。

3. 不空譯本明意密

不空譯本的持誦儀軌次第，首先結佛部三麼耶印，作法如下：「二手虛心合掌，開二頭指，屈輔二中指甲下第一節側，二大指各附二頭指根下，即成。」

可依照文字試著揣摩其結印之法，如果有熟知此印的老師指導，會更確定。所誦真言為「唵怛他（引）孽都納婆（二合）嚩（引）野娑嚩（二合引）賀」（oṃ tathāgatodbhavāya svāhā）。其意密觀想內容如下：「想於如來三十二相、八十種好，相好分明，如對目前。」佛部的本尊即是相好莊嚴的如來。不空譯本緊接著說明修持這個印契可獲得的重要功德。

其次，結蓮華部三麼耶印，觀想本尊「觀自在菩薩相好具足」；接下來結金剛部三麼耶印，觀想本尊「金剛手菩薩」。各部有其相應的真言咒語，及在修法上的特殊加持功用。

修完佛部、蓮華部、金剛部的印契後，接下來結根本印（準提印），其作法為：「二手外相叉，二頭指、二大指並直豎，即成。誦佛母心真言，印身五處，所謂額、次右肩、次左肩、次心、次喉，頂上散。」結好手印後，誦念準提咒心，用手印印身體五處，然後在頭頂上解散。不空本儀軌用附註指出這裡結準提印是用作「護身」，所以此時觀想：「起大慈心，遍緣六道四生，願一切有情披大誓莊嚴堅固金剛甲冑，速證無上正等菩提。」其他各個印契也都有其相應的觀法。

在加持數珠的環節，也是結準提印，誦念〈準提咒〉加持念珠，相應的意密觀法如下：「心專注不異緣，觀自身同本尊身，相好具足。又於身前壇中，觀想七俱胝佛母與眷屬圍遶，了了分明對坐。」準提菩薩形相以觀想十八臂者為主，在不空所譯儀軌最後有「准泥佛母畫像法」，可據以觀想本尊。

不空譯本很重視無能勝菩薩印，用來淨化壇場及排除鬼魔障礙。其真言為「曩莫三滿多勃馱（引）南（引）唵戶魯戶嚕戰拏里麼（引）蹬耆娑嚩（二合引）賀」（namaḥ samantabudhānāṁ oṁ huru huru caṇḍali mātaṅgi svāhā）；同時做如此思惟：「所有障者毘那夜迦諸惡鬼神遠走而去；所來聖眾不越本三麼耶大悲而住。」毘那夜迦（vināyaka）是好行障礙的邪惡鬼神。

4. 準提九字布全身

金剛智與不空二位法師所傳準提儀軌都對〈準提咒〉的九個字母，提供具有深義的觀想方法，解說各個字母所對應到的身體部位，並將這個神咒的九個字義全與最高真理連結。這樣的觀想模式，使行者與準提佛母、實相真理得以合一。

不空譯本在結完燈印之後，有一段自梵文音譯的「讚歎」，隨後是「本尊陀羅尼布字法」。首先，觀想真言的九個梵字布在身上，每個字母都筆畫分明，流出光明，照射六道四生的輪迴有情，對他們深起悲憫，期願施與安樂。操作方法是結「布字印」，依序進行如下觀想：（字母應想悉檀梵字形）

想「唵」（oṁ）字，安於頭頂，以大拇指觸頭上。

想「者」（ca）字，安在兩眼眼珠上，以大拇指觸右、左眼上。

想「禮」（le）字，安於頸上，以大拇指觸。

想「主」（cu）字，安在心上，以大拇指觸。

想「禮」（le）字，安在左右肩，以大拇指觸（先右後左）。

想「准」（cu）字，安在臍上，以大拇指觸。

想「泥」（nde）字，安在右左兩大腿上，用小指觸。

想「娑嚩（二合）」（svā）字，安在右左兩小腿上，用小指觸。

想「賀」（hā）字，安在右左兩腳掌上，用小指觸。

進行這樣的觀想，當三密相應時，行者自身即成為準提佛母身，修行功德為

「滅除一切業障，積集無量福德吉祥，其身成金剛不壞體。若能常專注觀行，一切悉地皆得見（現）前，速證無上正等菩提。」

金剛智譯本有一處獨有段落（不空譯本並無對應文句），更以偈誦體說明各個字母的顏色，所對應的身體部位，及其特殊功用：

唵想安頭上，其色白如月，放於無量光，除滅一切障，
即同佛菩薩，摩是人頂上。
折字安兩目，其色如日月，為照諸愚暗，能發深慧明。
隸字安頸上，色如紺琉璃，能顯諸色相，漸具如來智。
主字想安心，其色如皎素，猶心清淨故，速達菩提路。
隸字安兩肩，色黃如金色，猶觀是色相，能被精進甲。
准字想齊中，其色妙黃白，速令登道場，不退菩提故。
提字安兩髀，其色如淺黃，速證菩提道，得坐金剛座。
莎嚩字兩脛，其狀作赤黃，常能想是字，速得轉法輪。

訶字置兩足，其色猶滿月，行者作是想，速得達圓寂。

修持者如此觀想不同顏色的字母分布在自己全身，可進入準提的勝妙法門，裡面同時蘊涵本尊的真實意義，加持修行者滅除罪業，獲得吉祥，身體如同金剛一般堅固，快速得到悉地成就。

法賢法師所譯《尊那菩薩大明成就儀軌經》卷一中，〈觀智成就分〉細說「布字法」的觀想內容。如何進行奉請本尊準提佛母及壇場中賢聖的儀軌？如何觀想十八臂準提佛母的形相？如何觀想布在身上的九個準提字母，各個字母所對應的印契與本尊為何？這些觀法在經文中都有解說，對唐代所傳譯的準提儀軌多所補充。

5. 心月輪上顯梵字

「心月輪」觀是觀想準提字母在清淨圓明的心中顯現，方法如下：結禪定印，端身正坐，閉起眼睛，澄靜內心，當著胸口位置，身內清楚顯現圓滿光明，如同滿月的皎潔光明。於圓滿光明正中間，想「唵」字，其餘八字右旋圍繞，布列在圓滿光明上。在靜定心中，必須見到真言字母分分明明。心不散動，得到禪定，就與般若波羅蜜相應。準提「心月梵字觀門」的圖像如下：（引自《準提淨業》）

6.準提字義觀其妙

〈準提咒〉由毘盧遮那（大日）如來的法身所流出，自然與實相真理一體相合。在金剛智與不空二位法師所譯傳的念誦儀軌中，都提供觀想種子字義的空性實相涵義。不空譯本的解說如下：

「唵」（oṁ）字者，是三身義，亦是一切法本不生義。
「者」（ca）字者，一切法不生不滅義。
「禮」（le）字者，一切法相無所得義。
「主」（cu）字者，一切法無生滅義。
「禮」（le）字者，一切法無垢義。
「准」（cu）字者，一切法無等覺義。
「泥」（nde）字者，一切法無取捨義。
「娑嚩（二合）」（svā）字者，一切法平等無言說義。
「賀」（hā）字者，一切法無因義。

以上九字所顯示的清淨實相義，各自呈現最高真理的某一面向，且在意義上是次第連結的。由一切諸法本來不生，不生即不滅；由於不生不滅，所以無任何相可得；由於相無所得，因而無生滅相；由於無生滅相，而無染汙塵垢；沒有染汙，就不起覺知；因為不起覺知，所以無取無捨；無取無捨，即得平等離言的真理境。體悟平等無言說，照見因果本來空，與般若波羅蜜相應，以無所得為方便，進入第一義，證得法界真如。

因此，修持準提法門者應當學習般若波羅蜜的空性實相法義，來助成準提字義所含蘊的深妙法義觀想。否則，缺乏佛法真理指引，準提法門容易淪為一種追求世俗利益的宗教信仰方法。結合般若波羅蜜的空義觀照來開啟〈準提神咒〉的實相密藏，這是修習準提行法的究極意義所在。

第三篇

準提法門的漢傳模式

前言

唐宋傳譯了幾部準提經典與儀軌典籍，或許因密教修法儀軌流於繁複，不投漢地佛教行者的好簡取向與實踐需求，在唐末即歸於消沉無聞，宋初再譯經典時仍不見起色。準提法門此時是在域外延續其慧命。

唐密準提行法傳向東瀛，在東密傳統中受到鑽研與修習，繼續發展，民國初年由赴日求法學人重新引進，帶有一些日本密宗元素。準提佛典與修行儀軌傳入大遼王國，與漢傳華嚴佛學交流互鑑，顯密融通，解行相依；修持方法繁簡皆可，極具彈性。後來，顯密交融的準提法門以蒙元佛教為中介，再回漢地開拓一番新局。

元朝是蒙古人在中國土地上建立的帝國，基於他們的宗教信仰取向，樂意接受富有功利思惟的密宗佛教，輾轉播遷於邊國的華梵匯融式準提密法隨之來到中原地區，帶起修行風氣。漢民族也開始接納這種漢化形態的準提行法，並使其更加中國化及趨於簡約化。明、清二代發展出來的準提法門是在遼代《顯密心要》所擬訂儀軌的基礎上，進一步融合漢傳佛教文化元素。

一、顯密圓通的觀行實踐

中國密教傳統中，遼代道殿法師所編著的《顯密心要》是現存最早的漢傳準提行法撰述，同時也是影響後代準提法門研修的最重要論著。無論是在元、明、清各代，還是現代華人佛教圈的準提實踐，這本著作都是少數難得的參考資源。

此書內容共分四篇：顯教心要、密教心要、顯密雙辯、慶遇述懷。全書大意在解說顯密二教的融通兼修理念、顯教圓修觀行方法、準提密法持誦儀軌。本章即以《顯密心要》為解讀的對象，闡釋重要的顯密修行理念與方法。

(一) 顯密共通的菩提心戒

準提密法既是大乘密教的一種重要行法，就離不開大乘佛教菩薩道的理念與修行。無論是顯教或密教，菩薩道的首要基礎是發菩提心。不發菩提心，就偏離了大乘佛法的精神意趣，會忘失菩薩道業的根本基礎與終極目標。

金剛智法師所譯的準提念誦法於起首處便說：「若有苾芻、苾芻尼、鄔波索迦、鄔波斯迦發菩提心，行菩薩行，求速出離生死者，先須入三摩耶灌頂道場，受持禁戒，堅固不退；愛樂大乘，菩薩戒行，於四威儀，修四無量，發四弘願，永離三途。」修持準提法門必須發起菩提心、四弘誓願，受持菩薩戒行，修習四無量心（慈、悲、喜、捨）等。

1. 發起勝義菩提心

在不空法師所譯傳的準提念誦儀軌中，更提出「受菩提心戒」的特殊觀念：「若在家、出家菩薩求成就者，每入道場，先應禮佛，懺悔、隨喜、勸請、發願已，應自誓受菩提心戒。」這裡加入了懺悔、隨喜、勸請、發願的實踐德目，發願即有發菩提心（菩提誓願）的意涵。再者，要求「自誓受菩提心戒」，「菩提心戒」意義為何？為什麼要「自誓」受持這種戒律？

不空譯本進一步解釋說：「菩提心者，離一切我執，遠離蘊、處、界，及離能取、所取，於法平等，自心本不生，自性空故。如過去一切佛菩薩發菩提心，我亦如是。」首先，真實的發菩提心應具備般若空慧的修習能力，以使所發菩提心達到既深且廣，無窮無盡。能夠遠離我執與法執，超越一切能所對立的二元分別，觀照緣起性空的諸法平等實相。講求如此發心，是發起「勝義菩提心」的精深意趣。

不空法師所傳儀軌期許修持者結合般若慧觀，來發起深廣的菩提心。發菩提心可大分為二個層次：在尚未了悟空性真理時，所發菩提心稱為「世俗菩提心」；悟入空性實相後，所發起的菩提心即晉升為「勝義菩提心」。有興趣者可參閱印順法師《般若經講記》解釋《金剛經》第三分，佛陀對於發無上菩提心者「云何安住，云何降伏其心」這個提問的答覆。

不空譯本繼續解說：「此名自誓受菩提心戒。由誦一遍，思惟勝義諦，獲得無量無邊無為功德，莊嚴（身、口、意）三業，乃至菩提道場，其福無間斷，速滅一切業障，真言速得成就，本尊現前。如《花嚴・入法界品》，慈氏菩薩為善財童子說菩提心功德。」文中所引的「自誓受菩提心戒」，其實是一種發菩提心的儀軌，透過儀式來促進廣大菩提心的發起。

這段引文再度提醒思惟空性實相及依照儀軌來發菩提心，初發心時即可獲得無量無邊的功德，因為菩提心是佛果一切功德的根本。發起菩提誓願以後，一直到圓滿無上菩提為止，在菩提心的支持與推動之下，以身、口、意三業積集福德與智慧資糧的實踐不致間斷，並使一切業障迅速滅除，使修習真言的功德快速成就，本尊示現於面前。關於菩提心的觀想修習，不空譯本提供《華嚴經．入法界品》中，善財童子參訪彌勒菩薩的章節作為參考，那是針對菩提心涵義的長篇開示。

《顯密心要》同樣主張修持準提法門要發菩提心，然而，發菩提心並不是這部著作的論述主題，因此道㲀法師就一筆帶過，非表示不重要。例如，在論說顯教「真如絕相觀」（理法界觀）的清淨如來藏教理時，引述唐代宗密《圓覺經疏》說明發心修行次第：「一、先悟圓覺性，謂一味清淨真心；二、次發菩提心，謂大悲、大智、大願；三、後修菩薩行，謂六度萬行等法。」強調應先領悟清淨的真心佛性，再據以生發菩提心，引導菩薩道的廣大修行，帶有勝義菩提心的意涵。

在華嚴圓教的「事事無礙法界觀」層次，有「帝網無盡觀」，其中第四項「發願門」的觀想內容如下：「想盡虛空、遍法界塵塵剎剎，帝網無盡三寶前，各有帝網無盡身，每一一身各發帝網無盡願，所謂：無邊眾生誓願度；無邊煩惱誓願斷；無邊佛法誓願學；無邊福智誓願集；無上菩提誓願成。」在「四弘誓願」的架構上再增加「無邊福智誓願集」一個大願。觀想無邊無際法界的無量國土，像帝網天珠譬喻那樣重重交融無盡的佛、法、僧三寶，行者各有自己的無量身體在他們面前，發起廣大無盡的菩提誓願，這是「普賢行願」的境界。華嚴圓教這種無量無邊法界中，一一事法相即相入、重重無盡的不可思議理境，非常深妙，留待下一節的顯教觀行中說解。

至於密教的發菩提心，道殷法師在「密教心要」中觀想「心月輪」的「阿」字處說：「『阿』字是毘盧佛身，亦是法界，亦是菩提心。若人想念，能生無量功德。」菩提心即是佛果法身的一切智慧與功德，思惟「阿」字所蘊涵的法界圓滿真理，即是思惟菩提心，可開發與生長無量無邊的功德。

又在「顯密雙辯」中，道殷法師引《楞嚴經》阿難與摩登伽女故事說：「彼是淫女，無心修行，神咒冥資，速證無學，何況本心求菩提者！」眷戀世俗、無心修行的摩登伽女在神咒加持下，尚可迅速證得阿羅漢果，更何況是原本就發心志求無上菩提者！發菩提心的功德確實難以思議。

《顯密心要》在顯教與密教二邊，都肯定發菩提心的重要性與無可或缺，只因非其全書的論述重點，可能也認為讀者應當能了知發菩提心的意義，就不再做出具體解說。因此，在研讀這部準提密法的典籍時，有關發菩提心的義理與方法，就必須援引其他佛典資源來補充了。

2.自誓受菩提心戒

受持「菩提心戒」助益菩提心的發起，其意義內容為何？

《華嚴經．離世間品》提到一種菩薩十戒：(1)不捨菩提心戒；(2)遠離二乘地戒；(3)觀察利益一切眾生戒；(4)令一切眾生住佛法戒；(5)修一切菩薩所學戒；(6)於一切法無所得戒；(7)以一切善根迴向菩提戒；(8)不著一切如來身戒；(9)思惟一切法離取著戒；(10)諸根律儀戒。這應是包羅範圍最為廣泛的菩薩戒行了。

善無畏法師的弟子一行法師在《大日經疏．菩薩戒品受方便學處品》提出另一種菩薩十重禁戒：⑴不捨佛寶；⑵不捨法寶；⑶不捨僧寶；⑷不捨菩提之心；⑸不謗一切三乘經法；⑹不應於一切法生於慳悋；⑺不得邪見；⑻於發大心人從前勸發其心，不令退息（菩薩行者已發大心，還從頭教他發心）；⑼於小乘人前不觀彼根而為說大法，或於大根人前不觀彼根而說小法；⑽常當行施，然不得施與他人害物之具。依此戒法堅志於大乘菩薩道的上求佛果菩提，以大乘佛法廣度有情的精進實踐。

不空法師所譯的《大集大虛空藏菩薩所問經》卷二，又提出一種八條的菩薩戒：⑴不離菩提心；⑵離聲聞緣覺心，得無限量心；⑶不捨一切學處（律儀）；⑷於一切處受生；⑸於戒不緩（不鬆懈），任運無作；⑹迴向菩提；⑺心無熱惱；⑻大願圓滿。菩薩修學這八法，能使修行清淨，使諸波羅蜜多圓滿。

從以上所舉這些菩薩戒行的規定範圍，大致可了解密教菩提心戒的內涵，菩提心戒可共通於大乘顯教與密教的菩薩道修學。不空提出「自誓受菩提心戒」，是因顯密二教的經典都有明言，菩薩戒可以自誓受戒，尤其是在密教典籍。

顯教之例，如《菩薩瓔珞本業經．大眾受學品》說：「佛滅度後，千里內無法師之時，應在諸佛菩薩形像前，胡跪合掌，自誓受戒。」是在很廣的範圍內都找不到法師授菩薩戒的情況下，在佛菩薩像前自誓受戒。《梵網經菩薩戒》說：「佛滅度後，欲以好心受菩薩戒時，於佛菩薩形像前，自誓受戒，當七日佛前懺悔，得見好相便得戒。」自誓受菩薩戒必須七日懺悔，感得瑞相才算是得戒。

密教經典的自誓受菩提心戒經證，如《一字佛頂輪王經・證學法品》說：「住阿蘭若，每日三時，發菩提心，歸佛、法、僧，如法自誓受菩薩戒。」《不空罥索神變真言經》卷二十說：「自誓要祈受菩薩戒，求於阿耨多羅三藐三菩提。」又如金剛智法師所傳《念誦結護法普通諸部》說：「每日三時，自誓歸依佛、法、大菩薩僧，發菩提心。」密教的自誓皈依三寶、受菩薩戒，較嚴格者要求在每日三時修習。不空法師所譯準提念誦儀軌要求每次進入道場修法時就應實行自誓受戒。

3. 受菩提心戒儀軌

密教自誓受菩薩戒，是有一套儀軌的，藉由規制儀式的經常修習來增進發菩提心與受菩薩戒的修行效果，這是比較不同於顯教之處。

不空法師譯出〈受菩提心戒儀〉，儀式首先歸敬三寶及菩提心：「弟子某甲等，稽首歸命禮，遍虛空法界，十方諸如來，瑜伽總持教，諸大菩薩眾，及禮菩提心，能滿福智聚，令得無上覺，是故稽首禮。」然後誦念〈禮佛真言〉。歸敬禮拜的對象，在大乘三寶之外更加上菩提心，基於菩提心是圓滿福德智慧、成就佛果菩提的根本。

接下來的儀式次第如下：運心供養，及誦〈普供養虛空藏真言〉；懺悔，及誦〈懺悔滅罪真言〉；受三皈依，及誦〈三歸依真言〉；受菩提心戒，及誦〈受菩提心戒真言〉。在各項儀式的末尾，都加上相應的真言咒語，而帶有密教化的色彩。在受戒儀之後，又附有一篇〈最上乘教受發菩提心戒懺悔文〉，是指引真誠發露懺悔與誓願發菩提心的表陳內容。

在受戒儀的「受菩提心戒」這個儀式科目，其具體內容如下：首先，表白發菩提心的心意：「弟子某甲等，一切佛菩薩，從今日以往，乃至成正覺，誓發菩提心。」其次，發起五個宏大誓願：「有情無邊誓願度；福智無邊誓願集；佛法無邊誓願學；如來無邊誓願事；無上菩提誓願成。」然後，表達所發菩提心與空性相應：「今所發覺心，遠離諸性相，蘊界及處等，能取所取執，諸法悉無我，平等如虛空，自心本不生，空性圓寂故。如諸佛菩薩，發大菩提心，我今如是發，是故至心禮。」這段文句也見於不空所譯的準提念誦儀軌（如前所述），是修習「發菩提心戒」的智慧觀想內容。最後，誦念〈受菩提心戒真言〉。

修持準提法門，須時時謹記大乘菩薩道的修行目標，志存高遠理想，應當經常在佛菩薩前自誓受三皈依，修習發菩提心與宏大誓願，使持誦〈準提咒〉的功德更容易圓滿。不空所傳的〈受菩提心戒儀〉可作為一種實行範式。

談到戒律，順道說明《顯密心要》關於持守戒律的觀點。道㲀法師引述善無畏法師所譯《七俱胝獨部法》說：「為準提不揀染淨得持誦故，不問在家、出家，飲酒食肉、有妻子等，皆持誦。不同餘咒，須要持戒方得誦習。」對於修持〈準提咒〉的戒行基礎抱持如此寬鬆的態度，其實是種善巧方便，有利於準提行法的普及推廣以利濟有情。

道㲀法師在其後又補充解釋說，蓄養妻妾與飲酒食肉是世間常態，世人習性難改，正需要準提法門這種大不思議的咒法來救度。換言之，如果修持條件規定太嚴，令人退縮，有情大眾對於解決生死問題，就更缺少可行方法了。

儘管給出如此的方便開通，準提法門仍有其正規修持方法，精通佛法的道殿法師對此事有清楚意識，他進一步說：「其有齋戒清淨、依法持誦者，更為勝妙。故《准提經》云：何況更能結齋具戒，依法持誦，不轉空身，往第四天，得入神足是也。」他徵引準提經典（應是金剛智與不空譯本）的說法，建立在清淨戒行基礎上的準提修持，方為正確的實踐態度，有助轉生兜率內院及發起神通。應知「不揀染淨」屬於方便接引，並不了義。

（二）華嚴為本的顯教觀門

《顯密心要》的「顯密圓通」，是顯教圓宗華嚴佛學與密教圓宗準提行法的教理融通與修行互補。顯教的教理部分，以中國華嚴宗義理為代表，透過淺深各層次佛學的判教對比，照顯出華嚴佛學的終極圓滿義。

在顯教觀行方面，依據華嚴教學所開出的四種法界觀門，次第升進，最終呈現華嚴事事無礙法界的不可思議佛智境地。不能了知華嚴教學的圓教理趣及其智慧觀行，則難以理解《顯密心要》的「顯教心要」，即無法領會此書顯密圓通的深刻旨趣。

1. 顯教至圓是華嚴

佛陀說法四十餘年，在其整個弘法生涯當中，針對各類根機的有情，宣說淺深不同層次的種種教法。這些教法有其內在相容的共通真理涵義，只是外部教相因義理層級高下與對治問題有別，看似存在各種觀點差異，甚至在表層語意上互成矛盾。面對龐然複雜的佛教大藏經，後世佛典學習者極易陷入困惑，理不出頭緒。

中國古德發揮創意巧思，採取「教相判釋」（判教）的方法，依照由淺到深、從偏至圓的標準，區分方便權宜教說與圓滿真實法義，將佛教經論的各階教法進行體系性的安排，以化解表面上的學說矛盾，並呈顯自家所宗教理的最高圓滿義。

華嚴五教的判教體系完成於三祖法藏法師之手，而《顯密心要》所舉示的華嚴判教論述，是在法藏的判教學說基礎上，融合四祖澄觀法師的一心法界思想與五祖宗密法師的真心佛性思想，而為一種修正版本。

華嚴判教學說將如來一生所說教法判分為五教，即小教、始教、終教、頓教、圓教，是自淺而深、由權到實的統理與安置。分別說明如下：

(1)小乘教：指《阿含》等經典、《大毘婆沙》等論典，教導一切法從因緣生，生滅無常，三界不安，了知人空真理；修學自利解脫行，欣求小乘果位。「人空」又稱「我空」，意謂在有情身心個體之中，找不到一個永恆不滅的精神實體，如世人所執取的自我、靈魂等。我執是煩惱生起的根源。

(2)大乘始教：又分為法相宗與無相宗。法相宗（相始教）指《解深密》、《佛地》等經典，《瑜伽師地》、《唯識》等論書，講說一切法唯是心識所顯現，了知人、法二空真理；修學六度萬行，趣向大乘佛果。此種教法多說明諸法的緣起法相。無相宗（空始教）指諸部《般若經》及《中論》、《百論》等論書，解說一切法本來是空，無始時以來的愚癡心誤認為有；追求體證無上菩提，修習菩薩萬行。此教多談論無相空性。大乘始教不僅了知人空，進而了知一切法都是緣起性空，連構成諸法的基本要素（五蘊、百法）也是空。

(3)一乘終教：意指《法華》、《涅槃》等經典，《寶性》、《佛性》等論書，解說一切眾生都有佛性，本來靈明不昧，無始時來迷妄顛倒而不自覺悟；想要成就佛果，須先了知自身本具的清淨佛性，然後相應於佛性而修習本自具足的無量妙行。此教多談論法性。「一乘」意謂不共於聲聞和緣覺二乘，專說菩薩乘，是大乘中講明清淨佛性的相對終極教法。

(4)一乘頓教：意指《楞伽》、《思益》等經文，及菩提達摩所傳的禪宗，說明一切妄相本空、真心本淨，原來便無煩惱，本來即是菩提。只談論真性，不講次第階位而成佛，所以稱為頓法。

(5)不思議乘圓教：指《華嚴》一經，《十地》一論，完全講說毘盧法界、普賢行海。其中所有事理、因果等，一法具足一切法，重重無盡。此教總體含攝各階教法，沒有任何教法不被此教收入；契合法性而自在無礙，迥異於其他教理未臻圓滿的教說，因而稱為圓教。

從小教到圓教，各階教法都有其對應的根機，一階相較一階更為高深與圓滿，而圓教本身圓滿自足，並可總體含攝其下各階教法。這五教就像階梯一樣，最終目標是要步上圓教，但非一蹴可幾，智慧根機不足者須用各階教法以為輔助，按部就班地提昇智慧潛力。圓教法義相當不易理解，可多多研讀《華嚴經》的教法與華嚴宗的義理。

了知圓教理趣的重要意義，是能根據圓教法義而從事真實修行，意即「初悟毘盧法界，後修普賢行海」。也就是說，先領悟圓教的最高圓滿真理，再依據真理從事無量無邊的真實菩薩行。「初悟毘盧法界，後修普賢行海」這句話，可說是《顯密心要》在顯教部分的指導綱領。

「初悟毘盧法界」，意思是說了悟一真無障礙法界，或稱為一心，含容一切世間與整體法界，一法即一切法，一切法即一法，一一事法交融無礙；隨意舉出一法即全是一真大法界心，包羅法界，圓容十方。眾生本來具足如來的無盡智慧德相，卻迷惑不自覺知。因此，想要圓滿究竟佛果，切須了悟這個毘盧法界；如果未能領悟這個法界，縱使歷經久遠時間修習萬行，依然徒勞無功，不能稱為真實菩薩，無法生於如來家族。

「後修普賢行海」，意思是說既然能夠了悟無障礙真實法界，自己本來真心即具足無量功德與無盡神通，與十方諸佛並無差別，奈何無始以來偏執愚癡妄心，習以成性，致使自家神通功德不能自在展現；因此，必須契合自身的毘盧法界，修習本有的普賢行海，使無盡功用得以快速顯現出來。

2. 事事無礙為圓觀

教理必須配合觀行，修習得力，方可進入體悟。華嚴法界觀門可分為四個層次：⑴事法界觀，只觀照緣起事相面。⑵理法界觀，只觀照真理實相面。⑶理事無礙法界觀，理法界與事法界能夠合觀。⑷事事無礙法界觀，即觀照法法交融無礙的圓教真理。為了達到對圓教的領悟，《顯密心要》設計了五階觀法，以期漸次提昇，終至通達圓教真理。

首先，是「諸法如夢幻觀」，屬於事法界觀。觀察一切染淨諸法全不真實，如夢如幻，這個能觀的智慧同樣是如夢如幻。小乘教的不淨觀、數息觀都屬於這一類，藉此推尋人空的真理。這種觀法有助了悟世間萬法生滅無常、色身不淨，而發起出離心，放下五欲執取。

第二，是「真如絕相觀」，屬於理法界觀。又分成三種：(1)恆常觀察周遍法界只是同一味的清淨真如，本來就無差別事相，這個能觀智慧也是一味真如。(2)若心念生起時，只起覺知之心。心念起來即覺知，覺知到它就是無。這個覺知心就稱為觀照，而本來也無覺知的生起之相。(3)心有所向就成偏差，起心動念便乖違真理，只要讓心無所寄託，與真理自然冥合。這種觀法是以佛性說與禪宗為代表，偏於真如實相的觀照。

第三，「事理無礙觀」，相當於事理無礙法界觀，意謂恆常觀照一切染淨諸法，都是因緣所生而無自性，全然是真理，真理全然是一切染淨諸法。如同觀看各個波浪全是濕性之水，濕性之水全是波浪。事相與真理其實是一體兩面，當慧觀能力提昇時，可將二面結合起來，同時觀照。

第四，「帝網無盡觀」，這已屬於事事無礙法界觀的層次，其中又就五方面來說：(1)禮敬；(2)供養；(3)懺悔；(4)發願；(5)持誦。不論進行哪一方面的修行，都觀想窮盡虛空、周遍法界的無量國土，像天帝珠網那樣重重無盡的三寶面前，各有重重無盡的自己身體，每一身體各自禮敬（或供養、懺悔、發願、持誦）重重無盡的三寶；每一處三寶面前，各有重重無盡的自己身體在禮敬（或供養、懺悔、發願、持誦）。又觀想自己在任一方面的修行，窮盡未來時間，沒有止息，念念相續，從無間斷，身、語、意三業全無疲勞厭倦。這是類同於〈普賢行願品〉的修行與觀想。

第五，「無障礙法界觀」，即是前面四法界所依的總體法界觀；換言之，這種法界觀總體含攝先前四種法界觀，是最為完滿無缺的智慧觀照。意思是說恆常觀想一切染淨諸法，全然是無障礙法界之心，將這個能觀照的智慧也觀想為全然是法界之心。這個無障礙法界中，本來具足三世間、四法界一切染淨諸法，沒有任何一法超出這個法界；而這個法界一即一切，一切即一，相互之間無所障礙，如此便會了知每一根、每一塵全是無障礙法界。如果在行、住、坐、臥四種行為活動當中，恆常觀照每一根、每一塵都是重重無盡法界，就是在修習「普眼法門」的境界了。

華嚴圓教的智慧教法與觀行境界至為精深奧妙、不可思議，以上只能就文字意義上，努力表達古代祖師大德的義理詮解，往後還需要長期的研讀、思惟與修習，期許有朝一日得以確實領解。道殷法師對於華嚴圓教真理，依各階判教與淺深觀行，提供精要而系統的闡述，能幫助準提行者快速地掌握佛法整體要義，及找出真實圓滿教理所在。

（三）統合諸部的密法修持

唐密準提行法流傳到大遼，開展顯密融通的修習模式，以《顯密心要》為代表，延伸至明、清二代，迄今不絕，形成明顯的漢化準提法門。雖說顯密圓通，但《顯密心要》的密法修持仍保有其獨立的體系。在準提修持儀軌這方面，道㲀法師身處遼代密教的文化脈絡當中，以善無畏法師所傳行法為藍本，將多部密教經典的真言與印契統合進來，使其互補相成，建構成難易適中的一套修持儀軌。

善無畏法師所傳準提行法的簡易修持理念為道㲀法師所繼承，準提鏡壇、不揀淨穢等特色依然鮮明。道㲀法師更依據準提佛典與多種密教經典，充實與修訂準提法門的持誦儀軌，及指導念誦方法、息增懷誅四法等。道㲀法師所編制的修持儀軌必有其優異處與合理性，方能流傳久遠，值得準提行者深入了解。本節以《顯密心要》為文本，解析其持誦儀軌。

1. 先祈淨化與護身

道殿法師採用準提鏡為壇場，建立鏡壇的方法依循善無畏所傳行法。想要修持準提法門，將鏡壇取出，對著念誦。如果無法每日對鏡持誦，至少要在十齋日使用鏡壇，其餘日子可不對鏡念誦。如果手邊缺乏鏡子，就在心中觀想鏡子來持誦；觀想不到鏡子，就只須專心念咒。

依法持誦時，首先，採金剛正坐（右腳壓左大腿上；或用其他坐法），手結禪定印，澄定身心，觀想頭頂上有一梵字嚂（raṁ），遍發光明，如同明珠或滿月。觀想此字母以後，再以左手結金剛拳印，右手持念珠，口誦〈淨法界真言〉「唵嚂」（oṁ raṁ）二十一遍。

「嚂（囕）」字咒語最早出現在《大日經・增益守護清淨行品》，強調其燒盡所有穢汙，消除一切罪過，導向不退轉地的強大力用。《金剛頂經》說觀想與誦念此字，能淨除內外塵垢，不沐浴而身淨，滌蕩一切染汙，清淨如同法界。道殿法師說〈淨法界真言〉的功用在於使身、口、意三業清淨，一切罪障得以消除，成辦一切勝妙好事，隨所在處都得清淨。修持密教行法，維持身心潔淨非常重要，誦念〈淨法界真言〉如同身心沐浴。

緊接著誦念〈護身真言〉「唵齒臨」（oṁ chrīṁ）二十一遍。道殿法師引述《文殊師利根本一字陀羅尼經》說，此咒能消除一切重罪、種種病苦、災難障礙、邪魅鬼神、不祥之事，而能成辦勝妙好事，使一切所願如意，成就一切神咒。如果發起菩提心，專心誦念一遍，能守護自身；誦念兩遍，能守護同伴；誦念三遍，可守護一宅，……誦念七遍，其力量足以守護四天下人。誦念這個真言可獲得修法時的守護力量。

2. 六字大明諸佛集

在〈護身真言〉之後，接著持誦〈六字大明真言〉「唵麼抳鉢訥銘（二合）吽」（oṁ maṇi padme hūṁ）。maṇi padme 意譯為「紅蓮花上的摩尼寶珠」。這個咒語是根據《大乘莊嚴寶王經》所增，在該經卷四講完〈六字大明真言〉後，有七十七俱胝如來同說〈準提陀羅尼〉。這是兩個咒語之間的連結依據。

《顯密心要》卷下解說「密咒功德深廣」的第十點「諸佛如來尚乃求學門」，指出〈六字大明咒〉是至極圓滿（圓圓）的果海，《寶王經》在此咒之後即說〈準提咒〉，則〈準提咒〉同是至極圓滿的果海。兩個神咒相互輝映，而誦念〈六字大明咒〉也在大力助成〈準提咒〉的修持功德。

道殿法師依據《大乘莊嚴寶王經》，說明〈六字大明咒〉是觀世音菩薩的微妙本心，其持誦功德包括無量諸佛與天龍八部前來會集；具足無量三昧法門；具六波羅蜜功德圓滿；獲得無盡辯才智慧。書寫〈六字大明咒〉，等於書寫八萬四千法藏；得此〈六字大明咒〉，貪、瞋、癡不能汙染；身上戴持〈六字大明咒〉，所接觸的有情能快速證得菩薩位，不受生、老、病、死等苦。

〈六字大明咒〉的功德如此神妙，很多人卻因頻繁聽聞，習以為常，以為平淡無奇，而忽視其巨大力用。如果想運用道殿法師所編制的準提儀軌，應先知曉〈六字大明咒〉的重要意義，有足夠信心才能在持誦與觀想時釋放其廣大神妙的加持力。

3. 準提本咒功德聚

進入準提修持儀軌的核心，就是持誦〈準提咒〉一百零八遍；配合的手印即是準提印，結在胸前位置；所觀的本尊是準提佛母。手結正確印契，專精誦咒與觀想本尊，以期達到三密相應。

〈準提咒〉在咒心之前的「南無颯哆喃三藐三菩馱俱胝喃怛你也（二合）他」（namo saptānāṁ samyak sambuddhakoṭīnāṁ tadyathā）是可解的，意思是「禮敬七俱胝（千萬）的正覺者。所謂：」然後帶出咒心。七俱胝如來同說〈準提咒〉，所以誦念咒心之前，先向他們禮敬。至於咒心「唵折隸主隸准提娑婆（二合）訶」（oṁ cale cule cunde svāhā），就不須強解，不知其義在持念時，不多做知解活動，反而易得專心。

道殿法師依善無畏法師所傳行法來概述〈準提咒〉的持誦功德，諸如滅除一切罪障，成就一切善法；增壽、除病；獲得財富、官位、智慧、兒女；所願滿足；眾人愛敬；水火、毒藥、軍陣、猛獸不能傷害；天神守護；得大神通，往兜率天；得見諸大菩薩；前往十方淨土，奉事諸佛，普聞妙法，覺證菩提。如此不一而足。

道殿法師所編準提儀軌還有個特殊地方，他在〈準提咒〉末尾加上〈一字大輪咒〉「部林（二合）」（bhrūṁ）。這個一字真言出於《文殊師利根本儀軌經・略說大輪一字品》，及《大陀羅尼末法中一字心咒經》。此咒在末法時代有大力量，能守護如來一切法藏，降伏一切外道群眾，摧破世間一切惡咒，是一切諸佛之頂，是文殊菩薩之心。特別是在誦念其他咒語時，若擔心不能成就，與這個咒語一同持誦，必定會得成就。這是道殿法師將其與〈準提咒〉合在一起持誦的用意所在。

道殿法師將諸部經典的幾個真言咒語貫串起來，成為持誦〈準提咒〉的一整套儀軌，有其經典所依與邏輯思路。他根據這些咒語的不同功能，使其相輔相成，以增益修持準提法門的功德。後世有人關心這樣將不同部密教經典的咒語混合，有否可能違反各部經典自身的修持系統？從這套儀軌在明、清二代受到歡迎，許多人依之修持而有效驗來看，應是得到正面肯定的。

4. 持念方法有多種

準提法門最好日日修持，要在什麼時間誦念比較合適？道殿法師說如果每日持誦一次，就在早晨，身心相對潔淨；若是兩次，便加黃昏；每日三時持誦，可加上中午。如果事務繁忙，可不拘時間，有空閒就持念。

若是上根者修持，應以三密相應為期，身密手結印契；語密誦念咒語；意密或是觀想真言的梵字，或是專注於持誦的聲音，或是觀想準提菩薩，或是觀想菩薩手中所執法器。專心一意，使修法得力。

道殿法師根據幾種經典教法，整理出五種持念方法：

(1)瑜伽持：觀想心月輪中所分布字母。觀想自己的心猶如一輪明月，非常清淨，內外分明，〈準提咒〉九個梵字安置其中，依字母順序觀想，周而復始。

(2)出入息持：在出息與入息過程中觀想真言梵字。呼出氣息時，梵字隨之而出；吸入氣息時，梵字隨之而入，字字發出光明，如同相貫的明珠，沒有間斷。（較複雜的觀法，是出息時，觀想梵字從自己心月輪經口而出，流入準提菩薩口中，入於其心月輪；入息時，則反轉過來。）

(3)金剛持：嘴唇和牙齒不動，舌頭不抵到上顎，只是口中微動。

(4)微聲持：只讓自己耳朵聽到聲音，不緩不急，字字分明地念誦。

(5)高聲持：讓他人聽到，得以滅除罪業。

這五種持念方法是道殷法師的建議，可以彈性視之，自行揣摩，找出適用的方法，長期熟習，且在不同的情境下靈活調整。還可以自己體驗出其他的持念方式。

一般而言，口頭誦念會比心中觀想容易，隨著時間而進步。

二、明清佛門的漢傳行法

明、清時代的佛教學人發現了準提法門的修行價值，除了積極研求其教法與儀軌，同時透過實際修持以獲得深層體驗。這些佛門僧俗大德另有自己熟習的漢傳佛教行門，諸如禪宗參悟、天台禮懺、淨土行業、觀音法門等，於是進一步探索準提行法與這些修行法門的融通模式，發揮他們的睿智與創意，開展出多元化的漢傳準提行法，適應中國佛教的實踐需要。

（一）準提經典的文義疏解

修持準提行法，對準提經典本身教理的參考非常重要；優質的註疏則可幫助經文深義的理解。古代流傳下來的準提佛典註疏，唯見弘贊法師於清朝初期所撰寫的

《七俱胝佛母所說準提陀羅尼經會釋》一種，註解精良，彌足珍貴。

明末崇禎年間，弘贊法師在高僧棲壑座下剃度出家。棲壑法師曾參學憨山德清、雪浪洪恩、一雨通潤等大師，後來得到蓮池大師傳授淨土法門並付與衣鉢，禪宗、淨土、律學並行。除了師從棲壑法師這位大善知識，弘贊法師更雲遊各地廣參高僧名德，通達經教，精於禪法，倡導戒律，是解行兼修的法門龍象，具足卓越的佛教經典註釋能力。

明、清時代，觀音信仰相當盛行，可說「戶戶觀世音」，大悲慈愛護念人間。與觀音信仰關係密切者是準提法門，明末禪宗高僧覺浪道盛即說觀音與準提在救世方面最為靈驗。當時有的寺院在毘盧遮那佛殿裡面，一同奉祀準提與觀音二位大士。弘贊所在的慶雲寺，同樣將準提佛母安置於毘盧殿內，另有準提閣的建築，映現著準提信仰與修持的氣息。

弘贊法師曾率眾修習大悲懺法，出現殊勝的觀音聖像放光感應，從而編纂《觀音慈林集》三卷。他推廣準提法門，是出於慈悲救世之心，有感於末法時代，世人根性魯鈍，又多生懈怠，初機行人極難修學佛法觀行，容易退失菩提種子，準提行法受持簡易，加持力大，是頗能適應時代的普及法門。

1. 準提密法的修行義

了知密教的修行意義與價值，具有「起信」的重大功用，激發實踐動力。如來一代所說教法有顯宗、有密法，既然已有顯教成佛之道，為何需要密法？很重要的一個原因，是顯教修行者必須經歷三大阿僧祇劫的長久菩薩道，備嘗難行苦行，然後才證成無上菩提；中間過程十進九退，甚至退回到聲聞和緣覺二乘道果。在學法者普遍為鈍根的時代，單依顯教，入手不易，更難堅持，可說成佛機會渺茫。

弘贊法師依密教觀點指出，一切佛法都是從金剛陀羅尼乘中流出，顯教的三藏十二分教全出於真言祕密法藏，甚至六度萬行無不是由陀羅尼所生出。換言之，真言的每一個字全是無相法界，而六度萬行無不是從法界中流出。修學顯教既然難關重重，密法無疑是一道希望之光。

如果精勤修持密法，方法切當，不須皓首窮經，憑藉口誦真言、手結印契、意觀本尊三密的強大加持力，得以快速與佛果菩提相應。弘贊法師引述《顯密心要》

說：「現在密教圓宗的神妙咒語，一切眾生及因位菩薩雖無法理解，只要持誦它，便可具足毘盧法界、普賢行海，自然能夠超離生死，成就十身無礙佛果。」密法直接顯證佛果的大用確實神妙。

儘管如此，修習密法可能發生偏誤，密教圓宗與顯教圓宗的配合相成應是最理想的學法進路。弘贊徵引《顯密心要》及《大乘莊嚴寶王經》解釋說：「陀羅尼的字義有兩方面：⑴不可解說面，唯佛與佛相傳，不共通於其他人所知。只應持誦，不須勉強解說。⑵勉強解說面，真言中任意舉出一字，即可自在無礙地解說，無盡法門在一個字中可解說窮盡，才算是陀羅尼的字義。……不可解說面，意義相當於密教圓宗，是離言說的佛陀果地；勉強解說面，意義相當於顯教圓宗，是帶言說的菩薩因行。」密圓直指毘盧性海，顯圓解說普賢行海，都屬於圓教的範疇。持咒語者亦可不知法義，專精三密修持；然而，若想了知真言當中所含蘊的圓教真理，就必須仰仗顯教圓宗的教理詮說。

準提佛母由毘盧遮那佛法身流出，而準提真言即是諸佛內心自證的真理，所以說這個陀羅尼是七俱胝位如來共同所說。由於他能生出諸佛，所以稱為「佛母」。

準提真言是諸佛心中的寶珠，猶如摩尼珠王，能隨順眾生的心念，因而稱為如意珠。準提真言如此殊勝，能滿足一切世間與出世間的願望，準提經中因此舉出種種世間願求事例，廣泛攝受有情；然而，最為重要者是成就佛法修行的大願。

準提法門屬於密教圓宗，是可據以默證十身佛果的大乘密法。修持真言者能使身、口、意三業等同於本尊的三業。又陀羅尼真言中的每一個字即是諸佛全身，所以修持者的身體即成為準提佛母的身體。〈準提神咒〉的本體即是法身至圓的果海，功用即是不可思議，因而得以快速成就無上菩提。

準提法門具足不可思議的力量，助成一切世間的良善願求，及佛法的修證目標，然而，這是就其修持得力的情況而言。對於經文所言「若罹患瘧病及頭痛，以咒語加持手二十一遍，觸摸病處也可治癒」這種治病功效，弘贊解釋說：「這些全是已經成就修法前行者，或是長期持誦〈準提咒〉的修行者，因而隨手觸摸事物，都有效驗。如果梵音念誦不純熟，心不專一，反而誹謗說沒有效驗，所得罪業更加深重。」這是相當緊要的提醒，準提法門固然功效強大，但必須修持純熟，專注一心，方能帶起效應。修持未見成效，應當反思原因所在，切莫隨意否定，自招謗法罪業。

弘贊法師援引不空法師所譯念誦儀軌的一段話，總結準提法門在末世的修行意義：「由於結此手印與誦念真言，就使一切如來警動覺察，都將會護念與加持修持者。因光明照耀所觸及，所有罪障均能消滅，壽命長久，福慧增長。佛部的聖眾都來守護，深表歡喜，行者生生世世遠離一切惡道，在蓮花中化現出生，快速證得無上真實圓滿菩提。」準提法門可說是末世暗途的一盞明燈，修學困境的希望再現，五濁惡世的安樂源泉，三界牢獄的一道出口。

2.回歸經典的修持法

弘贊法師通曉佛經義學，在修持上著重經典依據，這是重要的修行態度，經由經典教法的聽聞、思惟，而後依之進入觀修。他所著作的準提經疏對理解經典文義助益甚大，是一本準提修行寶典。他謙虛地說明註解的方法與目的：「會合各種譯本及有關疏鈔，略微讓它們相互顯明意義，以方便初學者持誦。」其實，他化解了理解準提經典的文字與教理障礙，幫助修持者進入經文法義，得以依教奉行。

弘贊所註解的準提經典是不空大師的漢譯本，包含經典與儀軌兩大部分。為何選擇不空法師譯本？他指出不空具有正統印度傳承，師從金剛智法師，廣參善知識，深得密教之傳，加上所譯經本的真言儀軌至為詳盡。為了使不熟悉梵音與手印的讀者獲得更準確的理解，弘贊法師還在釋文中舉出金剛智法師的譯文以供對照。這是一種嚴謹負責的釋經態度。

誠如宋代戒環法師在《法華經要解》所說，註釋意在助人了解經文，如果疏解得太過繁瑣，反而又增添一層理解障礙。弘贊法師即稟持中庸之道，對經典文句註釋合宜，應當精簡即精簡，必須詳盡就詳盡，以適切達意為原則。像「如是我聞」一句，弘贊法師註說：「謂如來如實相理，說是準提陀羅尼法，故云『如是』。阿難尊者親從佛聞如是之法，故云『我聞』。」扼要明了，不拖泥帶水，令人激賞。

至於該當詳註的地方，例如，在〈準提咒〉的梵語音譯底下，他比對了金剛智、地婆訶羅、天息災（法賢）諸位法師的不同譯音，解說發音方法，強調對梵音要讀得準確，「取字之音，不取字之義」，但可解者即加以說明。又如「若求豐饒財寶者，每日以種種食護摩，即得財寶豐饒」一法，他就詳細地解說「火供」（護摩）的方法。總體而言，弘贊的註釋特別詳於操作方法與修行意趣的疏解，像是咒語的讀法、印契的意義、經文的法義等，對於準提行者依經修持產生莫大助益。

《顯密心要》對當時的準提修持儀法影響很大，弘贊法師根據準提經典，認為道㲀法師可能會有混合諸部密法的問題。各部密法有其自身的真言與手印，應當區分開來，使修持依循經典儀軌達到較佳成效。舉例而言，在儀軌的「護身真言」，他就不認同誦念他部的〈文殊一字真言〉，而主張回歸準提經典裡的「準提咒心」或〈無能勝真言〉；再者，略去了〈六字大明咒〉，因他擔心「多雜他部」；另外，補入不空譯本所見的〈加持數珠真言〉。這是一種復歸經典本部儀軌的努力。

密教儀法有其嚴謹性，了解經典與儀軌的指導，依經據典地修持，這是弘贊法師提供的重要實踐精神。其次，弘贊法師深入經藏與密法，他的適切解釋是掌握經文指導的有利憑依。

3.戒行基礎不可廢

善無畏法師所傳的準提行法為了凸顯〈準提咒〉的偉大力量，及普及這個法門的慈悲善意，方便地將持戒標準降至最低：「佛言此咒印能滅十惡五逆、一切重罪，成就一切白法（善法），具戒清潔，速得菩提。若在家人縱不斷酒肉、妻子，但依我法，無不成就。」這段文句是許多準提信仰者在推廣持念咒語時，經常順口說出的攝受信眾話語。

金剛智與不空二位法師所翻譯的準提經典，對於戒行要求便有不同態度，趨於嚴格。如不空譯本說修持準提法門，在家菩薩應當修持戒行，堅固不退；出家菩薩則須具足律儀。在念誦儀軌中，更說明在家與出家菩薩想追求成就者，每當進入道場，應先禮佛，然後懺悔、隨喜、勸請、發願，最後自誓受菩提心戒。這些應該是在佛門通常所理解的修行觀念，戒行清淨能助成修習成就。

弘贊法師是位著名的佛門律師，相當注重戒行，加上註疏所依經典是不空法師的譯本，大致可推知他的態度。然而，為了準提法門的普及推廣，又不能不善巧開通，正如《維摩詰經》所言「先以欲鉤牽，後令入佛道」。

弘贊法師在經典註疏後面所附的〈持誦法要〉中如此說：「若所求事欲速得成就者，當依如上本經作法，斷除酒肉葷辛，方得應驗。如或隨時獲益，滅罪生福，在家不能全斷酒肉妻妾，可於十齋日持誦。如欲長持無間斷者，非十齋日。縱令酒肉妻妾，但當一心誦持，亦能使短命者增壽，疾病者消除。」他強調戒行清淨，是快速獲致修法效驗的重要基礎。在家居士不如出家法師日日守護戒行，應當把握每月十齋日的神聖時間，受持八關齋戒，隔絕七情六欲。當然，也保留某種妥協寬容餘地，指出縱使飲酒食肉，不斷情欲，念誦咒語依然有效，有念勝於不念。

在前段引文的進一步解說中，弘贊法師強烈批判當時流俗對於「八關齋戒」的錯誤認識，以為不喝酒吃肉就是「齋」。其實，八關齋戒是以斷絕殺、盜、淫、妄、酒、香花、歌舞、戲樂等八事為「戒」，過午不食為「齋」。在家居士於十齋日受持八關齋戒來修持準提法門，才屬正常實踐軌則，必能快速實現所願。

善無畏所傳準提行法之所以開許「酒肉妻妾持誦者」，弘贊法師引述《顯密心要》揭示其良苦用心所在，是因世間流俗以酒肉妻妾為常態，雖然聽聞佛教戒律，但習性難改，如果不用這個不可思議的大力神咒救拔，出離生死則遙遙無期。這是準提法門在末法時代慈悲救世的巨大價值。鑑於眾多修持者無法持守齋戒來誦念咒語，格外需要〈準提咒〉的救度力量，令其早日受持齋戒，更能開發咒語中所含的強大加持力量。

（二）準提法門的持誦儀軌

明、清時代所編準提行法的持誦儀軌，對《顯密心要》都有或多或少的參考，再增補中國佛門的一些儀式環節。弘贊法師的經典註疏已如先前所論，本節的介紹對象聚焦於萬曆年間施堯挺所撰的《準提心要》，及天啟年間謝于教所編的《準提淨業》。至於另外二部準提「懺儀」，漢化的程度更高，留待下一節再行論述。

1.《準提心要》

《準提心要》可說是《顯密心要》之密教「持誦儀軌」部分的精要濃縮版，用意在提供持誦者一個簡要而容易遵行的法本，促進準提行法的流通。此書首先描述準提菩薩的法相；其次說明主要的手印與圖示，以幫助實際修持時的運用。

《準提心要》「持誦儀軌」的中心部分，從誦念〈六字大明咒〉到〈準提咒〉，全依《顯密心要》。於此核心儀軌之前，首先說明準提鏡，相當於壇場的整備；然後增補「南無七俱胝佛母大聖準提王菩薩」、「南無準提會上諸佛諸菩薩」、「南無準提會上護法護咒一切聖眾」三段禮拜聖眾的儀文；緊接著加上〈普供養真言〉；然後才是中心儀軌；後面增念〈圓滿補闕真言〉。誦念結束後，同樣加上禮拜聖眾儀節，最後收鏡入囊。如此摘錄與增補，使整體儀式安排更形完整，精簡而方便操作。

「持誦儀軌」之後是「準提咒說」，依序解說儀軌中〈普供養真言〉、〈淨法界真言〉、〈護身真言〉、〈六字大明咒〉、〈準提咒〉、〈一字大輪咒〉、〈圓滿補闕真言〉的修持意義與功德；最後，解說持咒方法，主要也是依據《顯密心要》。其中，〈普供養真言〉與〈圓滿補闕真言〉是施堯挺所補入，是漢地佛寺課誦的常例。〈普供養真言〉的增補理由，是擔心修持準提者缺乏供養資源，為了致敬，將這個咒語補在前面。〈圓滿補闕真言〉是為了補足持咒時的缺失，以得到完整的功德。如此，是以《顯密心要》為本而在儀式上更加漢化。

編者施堯挺在〈準提心要序〉中特別講述準提菩薩示現為「佛母」的特殊意涵，是諸佛的戒律嚴格，如父親與師長的嚴厲教誨；佛母具備母性慈祥品德與養育恩情，寬容愛護一切有情，易於親近，從而廣泛攝受，不拒飲酒食肉和有妻子者。

然而，修持準提者不能因為佛母寬容而自我放縱，應感念其慈愛眾人之心。

施堯挺在書後跋文說：「咒語是如來的秘密教導，唯佛與佛之間可不言而喻，就算因位菩薩也不能知曉其微妙大旨，何況是世間凡夫，又如何能取來解說？然而，咒語雖不可說，而咒語的功用與持咒的工夫則可講說。如果能依從工夫而獲得功用，精進不止，也會超越因位菩薩之上，那麼，凡是不可說的，都成為可說的了。」修持者不須知道咒語的具體意義，只要長期專心持誦，必能獲得難以想像的修行功德。如此補充說明，增進了持咒的信心。

2.《準提淨業》

《準提淨業》的修持儀軌依據《顯密心要》，並且格外注重觀行，自《顯密心要》與諸部準提經典中摘錄顯密觀法資料，而編成具有義理深度與觀行指引的一套儀軌。更為特別者，是編集者謝于教同時是一位淨業行者，他列入幾種淨土相關經典、咒語，及淨土行業的觀修方法。這部著作期望達到準提密法、顯教觀行與淨業圓修的融通一致。

如此宏大的顯、密、淨圓修體系，如何入手？如何整合？編集者的著作旨趣與修行理念，可從其序文得知梗概。這篇序文表述全書資料編輯的邏輯次第，猶如整體修行方法的導讀地圖。

《準提淨業》的編集旨趣在於闡明顯密圓通，卻用「準提淨業」作為題名，其中應含有融會準提法門與淨土行業的意義。其次，在錄出準提經典之後，緊接著列示〈準提咒〉的「布字法」與「種子字義」，這是基於對觀行的重視。既然如此，為何接下來又不立刻專門講解觀行，而先說明「持誦儀軌」？這是因為觀行難以進入，所以將「持誦儀軌」放在前面。換言之，意在依憑持誦以導入觀行。

在「持誦儀軌」項目中，由於〈準提咒〉包括多個字母，觀想難成，所以起首於一字的〈淨法界真言〉，以一字收攝多字，方便初機行者修觀；然而，事實上，根機深淺者都可從中獲得利益，一與多是圓融無礙的。這裡的意思是說「持誦儀軌」中的多種咒語，呈現著由少字向多字的排列，有利於初機行者的依次觀想修學，逐步深進。

既然一多無礙，那麼，單依〈淨法界真言〉一字就應當獲致完全清淨，為何又增加淨土行業？答案是法界並無殊異，而個人目標設定有究竟不究竟的區別，有人貪愛較重而眷戀娑婆國土，有人一心專念而趣向極樂世界；菩提誓願有人發起，也有人不知發心。準提圓宗隨順眾人的希求，指引無上菩提的趣入，而眾人滿足所求願望，便忘了真正的指向，因而要結合淨土行業。編集者關心許多人在修行準提法門時，只追求世間願望，迷戀娑婆，忽略發菩提心、成就佛果的終極目標，他於是將準提圓宗與淨土圓修進行和會，保全大乘佛法修行的究竟理想。

再者，淨土行業以普賢行願為究竟，原因何在？如果憑藉這種大願而進入觀行，就是帝網無盡圓融的妙觀；顯密兩者融通，即是毘盧遮那遍在一切的阿彌陀，法身、報身同時顯現。準提法門與淨土行業之間尚且沒有一，難道會有二？意思是說淨土行業以普賢行願為究竟，就與華嚴圓教的觀行無別，且與準提法門的密教圓宗融會無間。

此外，謝于教在〈重刻准提淨業序〉中，特別提到顯、密、淨融通無礙的深層意趣：普賢大願王導歸極樂，本來就與淨土行業互為表裡，但是有的人捨穢土取淨土，似乎與圓宗形成隔閡，那是因為不知〈準提咒〉九個梵字就是毘盧法界，四十八大願整體就是普賢行海，變現娑婆而為極樂，極樂本身即是華藏，都是大悲觀音的千手千眼。他說《準提淨業》的顯密觀門亦是法界無量中的一事，期許未來有人能夠圓觀圓修，超離於語言文字之外，得到如實體驗。

顯教的華嚴圓教、密教的準提法門、淨土的普賢行願，都以圓宗而融會為一體。成佛必須體悟圓宗，其直捷法門是圓觀圓修。《準提淨業》指引的淺深修習次第是準提持誦儀軌（一字真言到〈準提咒〉）→準提密法觀行→淨土普賢行願→華嚴無盡妙觀。當然，這是依循邏輯理路的順序安排，利根行者可超越這個次第。

（三）準提法門的禮懺修行

明、清時代還有兩種準提著述屬於禮懺法本的形式，即明初夏道人所編的《大准提菩薩焚修悉地懺悔玄文》一卷，及清朝康熙年間天溪受登法師所集的《準提三昧行法》。前者來源有點玄奇，是在民間流傳的懺本；後者是天台學人依照天台懺儀結構制定的準提懺法。二本懺儀漢化的程度相對較高。

1.《大准提菩薩焚修悉地懺悔玄文》

有別於其他準提著述主要依據唐代所傳譯的準提經典與儀軌，及道㲀法師所撰的《顯密心要》，這本《大准提菩薩焚修悉地懺悔玄文》似乎受到宋代法賢法師所譯《瑜伽大教尊那菩薩大明成就儀軌經》的影響。懺本所用「尊那菩薩」，及無相法界、不動尊、觀自在、不空羂索、金剛手、伊迦惹吒、嚩日囉曩契等菩薩名號，都出自法賢譯本。菩薩名號中的戲鬘歌舞、香花燈塗，出處是法賢法師所譯《瑜伽大教王經》卷四；「焚修」一詞亦可見於該經，是火供之義。另外，有許多菩薩名號只在夏道人所傳的這個準提懺本看到，來源不明。

據項謙居士在順治九年（一六五二）所寫序文記述，這個準提懺本源自明初的夏道人，他以織布為業，每夜內心感到恐慌，遇到一位老僧傳授他〈準提咒〉與懺法，持誦之後便不再恐懼；甚至因持誦心誠而感得護法神示現與在旁守護。他懸掛鏡子並虔誠祝禱，延請畫工將鏡中所見護法神尊一一畫出。夏道人後來坐化，金剛不壞之身供奉於福州。項謙是在福建廣濟寺隱空和尚那裡，得到這部寶懺與護法圖像，非常珍惜。

這部準提懺本的儀式程序，是先誦念〈淨口真言〉、〈淨身真言〉與〈淨手真言〉；然後入壇三次禮拜，觀想準提菩薩與讚歎；依序奉請並禮敬十方常住三寶、準提菩薩、諸尊菩薩、護法聖眾；表陳禮誦之意；歸命禮敬七十七俱胝佛，說偈讚嘆；歸命禮敬佛母尊那菩薩，說偈讚嘆（二十七遍，有二十六頌，隨偈解相，禮拜時做觀想）；歸命禮敬各尊菩薩與護法聖眾，說偈讚歎（二十八頌，部分菩薩附有圖像）；持念〈準提咒〉（壇中七遍；出壇在觀堂念一百零八遍）；志心懺悔；誦念〈大輪明王滅罪真言〉；志心發願；功德圓滿。

在歸命禮敬準提菩薩的部分，依序按照偈頌所述內容觀想準提佛母面如滿月、面具三目、耳璫寶飾、胸藏卍字、頂上花冠、天衣潔白、身掛瓔珞、坐蓮花座、遍身分支、做說法印，及其他十六手的印契與所持法器。各首偈頌皆內含相應於準提身相的修行發願。

這部懺法主要透過禮拜、頌讚、觀想、持咒、懺悔、發願等行法，獲得準提佛母、〈準提咒〉與護法菩薩的加持力量，消除罪業、成就佛法修學。項謙在序文說到修行功德：「準提菩薩以其威神功德，救濟迷惑眾生，大力宣說心咒，於是行者慧根雖魯鈍，而獲得無畏與定力，降伏魔眾與怨敵，直見本來心地。哪裡只有方便示現一種方式，顯現大神通，使其獲得福樂而已？然而，所獲的福樂的確無量。」他的意思是說修持準提法門的根本目的，是在神聖力量佑助之下，提昇慧根與定力，降伏魔眾與煩惱惑障，體悟真理。獲得人生福樂只在其次；雖說如此，修行此法所獲取的福樂確實無量。他隨即舉出父祖輩與自身獲得加持的例證。

2.《準提三昧行法》

《準提三昧行法》是在康熙四年（一六六五），由天台僧人天溪受登法師所編制，承襲天台懺法的精神與架構。受登法師得法於桐溪雪松正性，而正性法師是明代天台高僧幽溪傳燈的嫡傳弟子。受登法師專心於天台教觀，致力講習懺法，終年不斷。天台懺法修習要求條件甚高，亦反映在《準提三昧行法》之中。

受登法師這部準提懺法分為五大部分：首先是「述勸修」，講述準提法門的修行功德，涵蓋出家菩薩的「現生所求出世悉地，定慧現前，證地波羅蜜，圓無上菩提者」，到在家居士所祈求的轉生人天善處、滅除重罪、累積功德、大菩薩前來說法、生於十方佛土、世人愛敬、所願成就、避禍求福等。此法總攝二十五部密法，為佛法中最上珍寶。功德如此之大，勸勉學佛者精勤修學。

第二部分是「明受戒發心」，說明出家修持者應當精持戒行，進入道場要自誓受菩提心戒。至於在家行者，最初進入道場時，也必須隨力發願，受持三皈五戒，或持守八關齋戒。戒行若不清淨，三昧無由現前。其次，應當發起菩提心、四弘誓願，這是成就佛果的正因，證得智慧的根本。菩提心戒的精義與大慈大悲、般若空慧融通無礙。

第三部分是「定行人及日期時數」，天台懺法的修持強度頗高，透過禮懺實踐輔助禪修觀法，達到對圓教智慧的深層領悟。因此，在共修人數與修懺日數都有偏於嚴格的規定。人數要求在十人以下，選擇志同道合者。再者，延請一位教授師，講明觀行方法，清除疑難障礙。出家法師與在家行者應當區隔開來，避免干擾。在懺期方面，可從七天到四十九天，以二十一天為合宜。可在前面加上七天的預修期，斷絕一切俗務，調適身心，熟習懺文與觀法內容。

第四部分是「正出修法」，為進入道場的正式修行階段。要求事懺與理懺相合，以無生理觀引導儀式事修。整體儀式分為十項：⑴嚴治道場，依據經典與儀軌，設置壇場與結界。⑵清淨三業，身、口、意三業的齋戒淨化方法。⑶三業供養，以身、口、意三業全心全意禮拜、供養十方三寶。⑷請三寶諸天，禮請準提菩薩、三世諸佛，及準提會上諸尊菩薩與護法聖眾，為禮懺作證與加持。⑸讚歎申誠，說偈讚歎聖眾，及表述修懺心意。⑹作禮，禮拜所請一切諸佛菩薩與聖眾。⑺持咒，說明〈準提咒〉的真理涵義、布字法與持誦觀想方法。⑻修行五悔，至心懺悔，消融罪業，輔以勸請、隨喜、迴向、發願等方法，改惡修善。⑼行道繞旋，環繞道場經行，觀想所修方法一一性空，禮敬聖眾，行三皈依。⑽入三摩地，〈準提咒〉真理義的禪修觀想方法，是天台圓教止觀與準提法門的融合觀法。

其中，在第十項的「入三摩地」，受登法師將準提九字與天台十乘觀法相互比配。十乘觀法是天台圓教止觀達到初住見道位的十個次第觀修方法，猶如車乘將人載運到目的地。十乘觀法當中，第一的「觀不思議境」最是關鑰，即是圓教中道實相的禪觀修習，其他九法依序助成這個真理觀行。最初畫出心月輪的〇相，即通於不可思議的實相理境，作為其餘九法修習的真理依據；〈準提咒〉的九字就與這九法一一對應，是通往〇相的方便。如此，修持準提法門就是在修習天台圓教止觀，兩者同屬最高的圓教行法。

第五部分是「分持明驗相」，依準提佛典所示與天台止觀證境，說明禮懺與禪觀得力時，所現起的吉祥夢境與定慧體驗。天台懺法是一套相對成熟的懺悔與禪觀修習系統，將準提行法與天台懺法進行有機結合，為準提法門提供一種良好的實修模式。

第四篇

準提法門的現代啟示

前言

佛法的最高真理超越時間與空間，古今中外皆同。其修學實踐則包含變與不變二面，一是不為時地所限的禪定修習與智慧觀照，另一者是順應文化與地域的價值觀念與生活方式。準提法門的現代啟示，是掌握其超越時空的真理與修學，適應當代人類的種種生命問題與生活型態，使佛法實修成為精神提昇與人生安樂的指南。

密教佛典為了適應各類修行者的差別根機與不同喜好，對於修習目標常會呈現多元化的列示，從淺層的俗世願求，到深層的智慧體證。準提佛典中所述的修持功德亦是如此，包羅人生追求和佛法修證的方方面面，修行者各取所需。儘管如此，所謂「上人應求上法」，應當發掘準提法門在大乘佛法實踐上的殊勝意義與高度價值。

大乘菩薩道強調自他兼利，在自我覺悟層面修行有所成就，必須走入人間利濟有情。準提法門幫助行者快速推升修行境地，相信其本真用意，是使他們發揮菩薩道的生活實踐能力，積極投入人間淨土的建設行動。

一、準提行法與人間淨土

人類是佛教實踐的主體，大乘佛教的總體菩薩道實踐，是朝向建設人間淨土的積極努力。世界的諸種濁惡與有情的生命問題，根源於眾生集體的煩惱與業力，想要淨化這個極不理想的娑婆世界，必須從淨化人心染汙的根源做起，正如聖嚴法師所倡導的「心靈環保」。探索準提法門與人間淨土的連結，其實就是試圖要解答，準提修行對於集體心靈淨化可帶來何種正面效用？

（一）心淨土淨，人間修行

《維摩詰經》說：「隨其心淨，則佛土淨。」這是膾炙人口的一句法語，在中國佛教界常被視為「唯心淨土」的經證，呈現頓悟真理的智慧自在境界。通常的理解，是一位智者在照見真如本性的當下，他所見的這個世間即是清淨的。心生煩惱分別，才會看到濁惡不淨。如此的意旨雖妙，然而，人間淨土不只是個人心靈清淨的問題。

1. 集體心淨則土淨

《維摩詰經》這段經文的原始意義，其實是大乘菩薩道漸次提昇的淨化歷程：菩薩隨其真誠志向（直心）的程度，則有那樣程度的積極努力（發行）；隨其積極努力的程度，則有那樣程度的堅定志向（深心）；接下來的精神提昇順序是由堅定志向而生起心安定→如說修行→功德迴向→善巧方便→眾生清淨→國土清淨→教法清淨→智慧清淨→自心清淨→一切功德清淨。最後總結說，如果菩薩想使國土清淨，應在自心清淨上全心奮進；隨其自心清淨的程度，則有那樣程度的國土清淨。

全段文義是在說明，菩薩精神實踐的不斷升進，先達致個人清淨；由個人清淨朝向教化有情大眾，使他們同得清淨；隨著菩薩與有情集體心靈淨化的成果，便有相應程度的國土清淨；而隨著國土清淨到什麼程度，教法、智慧、自心、一切功德便相應地達到那種程度的清淨，如此循環增上。菩薩的「自心清淨」，含蘊著由他所教化有情的集體心靈清淨，顯化為國土的總體清淨；非指一人心靈清淨，國土即可清淨。

這完全是大乘佛法的自覺覺他深義。聖嚴法師在《修行在紅塵——維摩經六講》說：「我們若想求得淨土，應當先自淨心，而非先要心外的這個世界清淨，由自我的內心清淨做起之後，自然能夠影響環境，使得他人也得清淨。」又說：「當某一個人的心理有了智慧和慈悲的光明，便應把自己擁有的這種光明，輾轉地傳播出去，傳給一切的人，……人人心中點亮了智慧和慈悲的光明燈，人格便能提昇，人間的淨土就能出現了。」他道出了「心淨土淨」原本的菩薩修行意趣。

個人的人生境況與世間的總體環境會是什麼樣子？這涉及到個人別業與集體共業兩方面的觀念。招感個人特定果報的業力，屬於別業；形成集體共同果報的業力，稱為共業。個人別業影響到共業的一部分，集體共業對個人別業亦起某種制約作用，彼此具有交互關係。人間淨土的建設，必須同時關注個人層面與集體層面的心靈淨化工程。

因此，建設人間淨土就是身處在這個娑婆濁世中，以人的修行身分，積極從事於淨化自身與助人淨化的菩薩道踐履。菩薩行者必須先精進修習智慧與慈悲，而達成自身心靈清淨，進而引領他人修學佛法，最後由集體心靈清淨而實現國土清淨。人間淨土的建設是由眾人一點一滴的修行努力匯聚而成，有一分淨化心靈的實踐，就為國土帶來一分清淨。只是短暫時間修行所起的變化總是微細難明，而使人容易因覺察不出而自我菲薄，不信自己具有淨化世間的力量。若自較長期間來看，修行轉化的成果就相對明顯可見了。登高必自卑，涓滴可成河，精勤不懈地修學與提昇，自身朝向清淨發展，同時也愈發擁有淨化世間的能力。

2.各階佛法淨人間

太虛大師在〈新與融貫〉提出，大乘成佛之道由淺到深，可分為五乘共法（人天善法）、三乘共法（解脫道）、大乘不共法（菩薩道），都一貫地可導向究竟圓滿的佛地果海。所謂菩薩實踐，就是發起菩提心，貫通這三階教法而修學菩薩行。在菩提心的引領之下，以三階教法適應不同根機行者的修學需求，都是成就佛果的法門，及淨化人間的實踐。

這與準提法門的修行理想目標並無相悖。準提法門是大乘佛教的修行方法，修持的終極意義即是圓成佛果，尋求自我淨化與國土淨化。修持準提法門必須發起菩提心，其修行功德涵蓋現世福樂、生死解脫與成就佛果，可對應於三階教法的實踐成果，就是身心、有情與國土的逐層淨化。只是對比於難行道的自力菩薩行，準提法門更加仰仗他力的加持，在五濁惡世這種深具挑戰的修學環境當中，期盼憑藉自力與他力相成，快速地培植善根與累積資糧。

準提行者是在現實人間持誦〈準提咒〉，通過自力精進與他力加持的聯合，更順利地從事於大乘菩薩道的種種淨化活動。無論是五乘共法的人天福樂，三乘共法的解脫涅槃，還是大乘不共法的無上菩提，都是淨化修行的成就。修學大乘佛法應當腳踏實地，按部就班，先使現世生活得到安穩，進而消解生死恐懼，然後安心投入菩薩道的高遠理想。這些都是修持準提法門可帶來的功德利益，外顯效應就是相應程度的國土清淨。

《大日經・悉地出現品》說：「發廣大悲愍，三種加持句，想念於一切，心誦持真言。以我功德力，如來加持力，及與法界力，周遍眾生界，諸念求義利，悉皆饒益之。彼一切如理，所念皆成就。」密教菩薩行者發起大慈悲心，為令一切有情離苦得樂，專志一心地持誦真言，憑藉自身功德力、如來加持力、法界真理力，遍在眾生界廣泛利濟有情，使他們獲得利益與安樂；同時，透過自己的如理修行，使一切世間與出世間的願望都能成就。這幾句頌文同樣道出了修持準提法門的重大意義。準提法門以密法的強大加持力佑助行者，增進人間修行的力量，以期成就自我提昇與淨化世間的廣大功德。

(二) 深信因果，懺悔修善

人類所身處的娑婆世界，佛教稱之為「五濁惡世」，是非常汙濁不淨的生存環境。五濁的意義，《瑜伽師地論．菩提分品》解釋說：(1)壽命濁，世人壽命短促，極長壽不過百歲。(2)眾生濁，人類不知恭敬父母尊長，不畏因果，不修善行，不持齋戒。(3)煩惱濁，貪欲、瞋恚等煩惱猛烈，驅動不善惡行。(4)見濁，正法衰微，相似法盛行，邪見增生。(5)劫濁，向下沉淪的大時代，飢荒、疾疫、戰爭等苦難充斥。在這樣的濁惡世間中，人類苦多樂少，身心難安；想要仰賴佛教修學來解決生命問題，則是障礙重重。大乘佛教與準提法門可有什麼獨門工夫呢？

1. 信受因果為初門

造成身心苦痛與世間穢汙的根本原因，是各各有情自無始時以來累積的無數煩惱與業力。不善業力招感苦果，苦果又觸生不善業行，形成惡性循環。佛教將生活安樂與修學佛法的障礙概括為惑（煩惱）、業（業力）、苦（苦果）三障。另外，將障礙學法成就的因子歸納為煩惱障與所知障。煩惱障即是貪、瞋、癡煩惱，障礙生死解脫的涅槃。所知障是對於應知對象（一切諸法）不能了知，障礙無上菩提的覺證。想要覺證佛果必須廣學多聞，達到無所不知，一法不知即是一障。在當前的濁惡時代，想望人生安樂與修行得力，如何消解多種多樣的煩惱與業障是項艱鉅的挑戰。

佛法修行開始於「深信因果」，是止惡行善的重要支持理論，善有樂報，惡招苦報，沒有絲毫差錯。佛教所說的身見（我見）、邊執見、見取見、邪見、戒禁取見五大錯誤知見，其中的「邪見」特指否定因果業報的愚癡見解。三世因果輪迴是佛陀依其智慧之眼所親見，他會批判六師外道，就因他們破壞因果觀念，自誤誤人。若是抱持否定因果的邪見，冥頑不靈，更不用說想破除深層的我執與法執了！現今世界變得如此濁惡不淨，因果觀念普遍薄弱是個重大原因。世間凡夫與佛教信眾持續起惑造業，廣泛承受不信因果所致生的眾多苦果。

因果業報出於佛陀的教導，是顯密二教佛弟子共同信受的正確知見。佛陀宣說準提經典的因緣，是為了憫念他圓寂以後，未來時代的薄福惡業眾生。準提行者自當引以為戒，深信因果，防非止惡，心安理得，專志持誦〈準提咒〉，期願正當願望的實現，及佛法修學的成就。不信受因果，不持守戒律，恐怕多造惡業，悖離佛法修學，造成在精勤持誦〈準提咒〉時，隨著內心靜定下來，容易引發懊悔心緒，干擾專注用心，以致障礙準提法門的修學。

還有，修學準提法門是為了獲致安樂，包括世間安樂與出世間安樂，不信因果，行為方法錯誤，如何帶來安樂呢？造煩惱業與修清淨行互相拉扯，就看哪邊力量比較大了。深信因果，少造惡業，多行福業，並仰仗準提法門的修持以增進福報與智慧，不是兩全其美嗎？

2.欲得安樂先除障

古德說：「業不重，不生娑婆。」對於人生安樂與佛法修學，深重業障造成極大的負面影響，大乘佛教因此方便地開出「懺悔」良方。準提法門的一大功用，就是懺除罪業，滌蕩獲得人生安樂與佛法修學的業力障礙。

準提經典中屢次說到滅除罪業方法；又善無畏法師所傳《七俱胝獨部法》說：「此咒及印能滅十惡五逆一切重罪，成就一切白法（善法）功德。」都在凸顯修持〈準提咒〉的巨大滅除罪業力量。金剛智法師所譯準提儀軌說：「至心合掌，五體著地，敬禮十方諸佛菩薩，虔誠運想遍虛空界，便右膝著地，合掌至心，懺悔自無始已來身、口、意罪。」指導正式持誦〈準提咒〉之前，須先進行懺悔實踐，潔齋身心，從而增進修法的成效。

懺悔、隨喜、勸請、迴向、發願合為「五悔」法門，構成一組廣義的懺悔行法，以懺悔為中心，而用後四種善法來鞏固至心懺罪的成果。修學懺悔的目的並非僅限於悔過而不再重犯，改往修來、改惡修善是其更為積極進取的實踐意義，這是加上後面四法的用意所在。金剛智法師所譯準提儀軌可見到懺悔、隨喜、發願三項，不空法師的譯本則是五悔全俱，是正式修持準提法門的前行實踐。

懺悔法門是發露表白自己從過去到現在，因起煩惱所做的一切錯誤行為，真誠悔悟，誓願不再重犯。隨喜是對諸佛菩薩的所有功德深感歡喜。勸請意指有佛陀悟道時，請佛說法；佛陀將入滅時，請佛住世。發願是發起廣度有情使其出離生死苦海的宏大誓願。迴向是將自己的一切修行功德迴轉朝向於無上菩提，迴轉分享給一切有情。通用五悔的修行，不只懺除業障，同時減少造惡，增生福慧行業。

道㲀法師所著的《顯密心要》卷下說：「先應發起普賢行願，復以三密加持身心，則能悟入文殊師利大智慧海。」普賢行願深廣無盡，《普賢行願品》為其精要指南，準提行者可多加讀誦，思惟禮敬諸佛、稱讚如來、廣修供養、懺悔業障、隨喜功德、請轉法輪、請佛住世、常隨佛學、恆順眾生、普皆迴向十種廣大行願的涵義，禮拜奉行，消除一切惡業障礙，積集福德智慧資糧，深化準提密法的修持體驗，於此現實人間克服菩薩道的種種修行艱難，自覺與利人。

（三）立足世間，放眼佛果

人間佛教並非人天善法。人間佛教立足於大乘佛法，以發菩提心為前提，以成佛為終極目標，肯認人類的修行身分，調動五乘共法、三乘共法、大乘不共法等一切佛法，對治種種煩惱惑障，成就菩薩波羅蜜多，圓滿福德與智慧所有功德。人天善法則是與煩惱相應的有漏善行，眷戀俗世，為求今世與來世的安樂而實行善法，不知修學般若智慧，無法跳脫生死流轉。

同樣是布施善行，已發菩提心並了知般若理趣的菩薩行者，是以布施者空、受施者空、所施物空的三輪體空觀照，無所住著地致力於波羅蜜行，不求回報，並將一切功德迴向於無上菩提的圓滿成就。至於人天善法的實踐者，是出於貪欲煩惱的善心，內心思惟行善可得的世間安樂利益，而不志求生死解脫與成就佛果。同樣修善，其精神與功德迥異，失之毫釐，差之千里，不可不辨。人間菩薩行者應當立本於菩提心、大悲心與般若慧，不離社會人群來實踐一切善法。

準提經典與儀軌都強調發菩提心，準提法門的終極理想是圓成佛果菩提，必須完成一切菩薩道功德。然而，為何準提佛典要講述那麼多世間功利的願望滿足？關於這點，誠如《維摩詰經．佛道品》所說：「或現作淫女，引諸好色者，先以欲鉤牽，後令入佛道。或為邑中主，或作商人導，國師及大臣，以祐利眾生。諸有貧窮者，現作無盡藏，因以勸導之，令發菩提心。」對於缺乏學佛善根的有情大眾，世俗願望的滿足是權便方法，先攝受他們進入佛教，再引導他們發菩提心。準提行者在菩薩道上必須自己把定得住，方有能力導利其他有情。是用佛法化世俗，不是反過來讓佛法被世俗所化。

準提行者應當站在大乘佛法的高廣視域，放眼佛果；就具體實踐生活而言，則宜腳踏實地，立足世間。了知佛果的無量功德內涵，生起欣求之心，針定準提法門的究竟修行目標。顯教、密宗兼學，研習經典法義，明了佛法真理，修持準提法門，獲致生活安樂，加持佛法修行，於此基礎上積集福慧資糧，深入智慧與慈悲的體驗境地。

發起菩提心，研習顯教真理法義，以菩提心作為成佛內因，以大悲心為支持動力，以智慧方便為成就法門，勤修準提密法，廣行六波羅蜜，獲致世間與出世間的種種功德利益。《顯密心要》卷下歸納出修持準提法門的十種不同層次功德：

(1)護持國王安樂人民：國家獲得守護，沒有天災人禍，百姓安和樂利。
(2)能滅罪障遠離鬼神：排除一切惡業重罪、天魔鬼神等修行障礙因素。
(3)除身心病增長福慧：祛除身心疾病，福德智慧的修集生活得獲安穩。
(4)凡所求事皆不思議：所追求的各種願望與成就，能不可思議地實現。
(5)利樂有情救脫幽靈：所接觸的有情可滅除罪障，來世轉生佛國淨土。
(6)是諸佛母教行本源：陀羅尼是一切諸佛所從生，為一切教法的本源。
(7)四眾易修金剛守護：一切四眾只要能懂語音者，行、住、坐、臥皆可持誦。
(8)令凡同佛如來歸命：持誦神咒數量滿足，身、語、意三業同於本尊三業。
(9)具自他力現成菩提：真言中祕密具足自他二力，現生成就無上菩提。
(10)諸佛如來尚乃求學：諸佛如來尚且尋求神咒，何況凡夫而不知持誦！

仔細檢視這十種功德的內容，部分可能偏於神祕，但大多可連結到自身、有情與世間的淨化，成為建設人間淨土的修行力量。人間佛教不是局限在人文主義的範圍，人類的理性能力有很大的限制，難以獨立撐起當今的菩薩道深廣實踐。傳統佛教的法師大德在顯教解行之外，大都會納入他力加持法門，恐非無所依憑！

二、準提法門的生活實踐

大乘佛法期許菩薩行者發起菩提心，長養與拓展自身的慈悲與智慧，走入社會人群廣利有情。顯教與密教的最終目標一致，都在志求成佛，而修持進路各具特色，無論如何，應當融入生活實踐，日日發揮指引自覺利人的作用。佛法成為生活當中的修學活動，是用佛法來提昇精神品質，改善人生福祉，豐富生命經歷，而非將佛法降格為世俗善法的功利性質。準提法門隸屬大乘佛教，其生命實踐事業亦是以此為指導綱領，在自力與他力的協作之下，結出豐碩的修證果實。

（一）發菩提心，指引人生

大乘佛教的世俗化趨向，是當代佛教所面對的一個重要課題。為了擴大佛教的影響力，使有情大眾容易接受，不得不簡化佛陀教法及宣揚世間利益；然而，此舉卻會造成佛法的智慧含金量遭到大幅稀釋，眾多佛教信眾往功利主義的宗教信仰形式靠攏。修持準提法門應當明辨大乘佛法的菩薩行理念，區分階段性目標與終極性體證，方不致於入寶山空手而回。

1. 需求滿足全方位

準提法門為持誦者帶來的功德利益，淺層則消災解厄，獲得福樂，深層則成就佛智，圓滿功德，一切實踐其實都不脫離現實人間。生活世界是菩薩道的實踐場域，離開社會人群，即失去修菩薩行的土壤。如何將佛法的智慧與修行運用於現世人生，考驗著學佛者的發心與睿智。很多人認為佛教的高層精神追求是出世的，與現實生存法則格格不入，他們多半是將人生目標訂得過於狹隘，以世俗成功為尚。當然，他們通常也缺乏足夠動機去了解真正的佛法精神內涵為何。

美國心理學家馬斯洛（A. Maslow）的需求層級理論廣為人知，後來得到修正，他在晚年發現一個超越性的需求。想要成為一個完整的人，應當尋求安全感、成長、超越三方面需求的均衡滿足。世俗善法的實踐，權重大多置放在安全感與成長的需求；而涵蓋五乘共法、三乘共法與大乘不共法的整體佛法，則照顧到全方位的需求，尤其是在成長、超越二種需求滿足方面特為精彩。聖嚴法師曾經感慨說：「佛法這麼好，知道的人這麼少，誤解的人那麼多。」佛法好在哪裡？想知道就必須深入去了解，把佛法在人生中實踐出來。

佛陀出現世間演說自己真實體證的佛法，是為了徹底解決有情的生命問題。生命問題有多種層次，首先是要面對此世存在的生理面、心理面、社會面的需求滿足。更深一層，必須面對生老病死、憂悲惱苦等無可逃避的人生苦厄，而這些生命苦果會在未來生生世世不斷循環，所以另有出離生死輪迴的解脫需求。大乘佛法的終極性超越需求，是慈悲不捨眾生苦，不僅自己致力於解決生命問題，還有廣度無量有情的課題。佛法引領佛弟子深度地觀照各層面的生命問題與實踐課題，避免將人生的意義想得過淺過窄，以致關注小利而失落大義。

如能正確、深入地了知整體佛法，便會知曉修學佛法所帶來安全感、成長、超越各方面的需求滿足，是人生幸福與安樂的無盡寶庫。然而，人類因為生存競爭而忙碌於世俗事務，哪來那麼多時間可深探佛法的智慧與修習？如有機緣把握佛法大意，在這之後，可否找到一種簡易行法，以作為汲取各方面需求滿足的甘美井泉？本書所論的準提法門就是其中一種良方，這個行法也得到古來許多法師大德的推薦。

2.發菩提心為藍圖

發起菩提心，曉了各階佛法大要，作為修學的地圖，可搭配準提法門的實踐來滿足不同層次的人生安樂需求，及真理體悟需求，最終邁向佛果的圓滿成就。因此，對於持誦〈準提咒〉而言，正確的修行發心與適足的佛法理解相當重要，指引生命實踐的向善向上。將持念〈準提咒〉只當作滿足世俗願望的工具，雖然亦有其效驗，然而，人生應當有成長與超越的更高尚需求，否則會在六道輪迴當中無盡期地上下浮沉。

可以用個譬喻來幫助理解，大乘佛教行者研究了「佛教園區」的整張地圖，知道哪個地點會有什麼樣的風光與特展，並設定了最終且最殊勝的目的地，準提法門就像一張無限搭乘的「周遊車票」，讓人得以方便輕鬆地到達各處車站，獲得需求滿足與知性體驗，滿意後再繼續朝最後勝景前行。有了全區地圖與這張周遊車票，可依個人需要做旅遊觀覽計畫，旅途也不致太過勞累，最重要的，是可一直朝向終極目標邁進，不在中途放棄。

這是準提法門在實修方面的優勢，無上菩提是其終極目標，依照修學者的各類需求，可規畫複雜路線，亦可採取簡易策略，在人生旅途上排除障礙，滿足願望，及導向深層的靈性體驗與智慧覺悟。修學準提法門，必須先找到全景式的生命實踐地圖，獲得一種輪廓式的理解，然後運用準提行法去完成人生之旅。

（二）自力他力，豐富生命

大乘佛教的教理實修系統可有「自力門」與「他力門」之分，各有其優長之處，同時免不了會有各自的實踐難題。自力門側重依於佛陀的真理教導，依憑學法者自己的修行力，運用戒、定、慧三學，及六波羅蜜菩薩行，通過聞、思、修、證的長期精進過程，在各個淺深修證階位持續升進，趣向無上真實圓滿的佛果覺悟。其修學難處是必須廣學多聞，用難以想像的長久時間圓滿無量功德，考驗著修持者的智力、恆心和耐力。

1. 自力不足藉他力

他力門對於佛法的正確知見，也要求具備必要程度的了解，以作為修行方向的指引。然而，深刻覺察處在這個五濁惡世，慧根不足，業障深重，單憑自力修學途徑實難有成，神聖他力的加持因此是完成修行必不可少的條件。像是淨土念佛法門、密教加持行法，即屬於此類。他力法門並且強調力少功多，成就迅速，有其吸引力。他力法門的薄弱處，是信奉者常忽視佛教法義的學習，流於對佛法的偏淺認識，不明真實意趣。

在中國佛教傳統中，存在著濃厚的末法思想氛圍，加上宗教功利主義流行，促使他力加持法門興盛，淨土佛教尤其普及，滲透到尋常百姓家，有「家家阿彌陀，處處觀世音」之說。密教的一些咒語和手印也廣受採用，在佛門早晚課誦與法會儀禮中多處可見，祈求與神聖偉力相感通，加持佛事修法成功。認識佛教的修行意義，及他力法門的功用與價值，是非常重要的事情，否則可能貌似學佛，實際上在佛法之外空轉。

禪宗與淨土佛教在中國佛教最為盛行，傳為永明延壽禪師所作的「四料簡」一如此說：「無禪無淨土，鐵牀并鐵磨，萬劫與千生，沒個人依怙。有禪有淨土，猶如帶角虎，現世為人師，將來作佛祖。有禪無淨土，十人九錯路，陰境若現前，瞥爾隨他去。無禪有淨土，萬修萬人去，但得見彌陀，何愁不開悟。」如果禪宗代表自力，淨土代表他力，自力與他力均衡相合是最理想的，猶如老虎添角，今世為佛門大師，來世成佛作祖。單純依靠自力而缺少他力，十人當中有九人走錯路，隨業力而輪轉。雖無自力行法而有他力念佛，則個個往生西方淨土，在阿彌陀佛指導下得到開悟。自力與他力都不修的情況，就不用說了。這是站在他力門的立場，主張比起他力加持的功德，自力修行的成功機會顯得渺小。

2.自他二力共相成

《顯密心要》卷下的「顯密雙辯」提到，上根器者應當顯密雙修；中、下根機者則可在顯教與密教之間選擇一門修學。最後讚歎準提密法說：「密圓神咒是諸佛之頂，菩薩之心，功能廣大，利樂無邊。為時流少知，今略敘述。」用簡單的話語來翻譯，就是準提密法那麼好，是諸佛菩薩的智慧核心，為什麼知道的人那麼少？在同書卷上，他說對於密圓的〈準提咒〉雖不理解而持誦，不管是凡夫眾生還是因位菩薩，都會很快具足「毘盧性海、菩提行海」。

明代蕅益大師深通經論義理，勤修淨土念佛法門，曾經發起十二個大願，散持〈準提咒〉一百二十萬遍，佑助這些佛教願行的成就。在持誦遍數圓滿之時，再度發下三大宏願，結壇持咒三十萬遍。他持誦〈準提咒〉來加持菩薩修行事業，使其一生能夠完成更多的利世功德。袁了凡本來的人生經歷平淡無奇，後來在雲谷禪師那裡學到佛教因果正見，精勤持念〈準提咒〉，廣積善行福德，整體生命變得充實與光彩。這些是修持〈準提咒〉使生命豐富的著名實例。

當今學佛大眾面對學習經論教法的不利處境，一套藏經龐然浩瀚，文字精奧難以索解，通達教理的善知識難求，加上工作重擔與家庭責任，時間與精力所剩有限，很少有機緣深入研習佛典法義。想要仰仗佛法來豐富生命，如何解決教法習得的難題呢？研修經論的條件不足，光靠自力法門可能緩不濟急，透過一些優良佛學書籍的幫助以掌握佛法大義，再結合他力行法來達到深層體驗，或許是一種可行的佛法修學方案。

身處現代社會的忙碌生活型態，先尋求對佛法要義的適切理解，再搭配念佛、誦經、持咒等實修行法，獲取佛力和法力的加持，自力與他力互相結合，可能是相對穩健的學佛模式。如此，既能憑藉他力行法推進對佛教法義的領悟，還有助於世間與出世間願望的滿足，利益良多。準提法門經由古代佛門大德建立簡易型的持誦儀軌，甚至單持咒語即可，興許是可用以豐富學佛生命的佳妙行法吧！

參考文獻

高七師，《顯密圓通成佛心要集：白話對譯本》，北京：宗教文化出版社，二〇一一年。

徐一智，《在慘弘贊的末法思想與觀音信仰》，高雄：佛光文化，二〇一七年。

聖嚴法師，〈明末的居士佛教〉，收於《明末佛教研究》，臺北：東初出版社，一九八七年，頁二五一—二九四。

聖嚴法師，《修行在紅塵——維摩經六講》，臺北：法鼓文化，一九九七年。

劉釗，〈那爛陀——佛教藝術的盛大華章〉，《收藏家》雜誌，二〇一九年八期，頁九十七—一〇四。

劉國威，〈院藏元明時期所造準提咒梵文鏡〉，《故宮文物月刊》，三八五期（二〇一五年四月），頁四十八—五十七。

謝世維，〈漢傳准提佛母經典之嬗變——以《顯密圓通成佛心要集》之「密教心要」為核心〉，《新世紀宗教研究》，第十五卷第二期（二〇一六年十二月），頁八十七—一一九。
藍吉富編，《準提法彙》，臺北：全佛文化，二〇一三年。
多田孝正，〈明代の准提信仰について（一）〉，《大正大學研究記要》，第七十四卷（一九八九年二月），頁三十五—六十二。
多田孝正，〈明代の准提信仰について（二）〉，《大正大學研究記要》，第七十五卷（一九九〇年二月），頁一—三十。
服部法照，〈中國鏡にみられる准提信仰〉，《印度學佛教學研究》，第四十四卷第一期（一九九五年十二月），頁八十八—九十一。
酒井紫朗，〈准提佛母について〉，高野山大學佛教學研究室編，《伊藤真誠・田中照順兩教授頌德記念佛教學論文集》，大阪：東方出版社，一九七九年，頁二二一—二七二。
森雅秀，〈オリッサ州カタック地區の密教美術〉，《國立民族學博物館研究報告》，第二十三卷第二號（一九九八年十二月），頁三五九—五三六。

Niyogi, Puspa. "Cundā: a Popular Buddhist Goddess." *East and West,* Vol.27, No.1/4 (December 1977), pp. 299-308.

智慧海 70

讀懂準提法門

Comprehending the Practice of Cundi Bodhisattva

著者	黃國清、張精明
出版	法鼓文化
總監	釋果賢
總編輯	陳重光
編輯	詹忠謀
封面設計	張巖
內頁美編	胡琡珮
地址	臺北市北投區公館路186號5樓
電話	(02)2893-4646
傳真	(02)2896-0731
網址	http://www.ddc.com.tw
E-mail	market@ddc.com.tw
讀者服務專線	(02)2896-1600
初版一刷	2023年10月
建議售價	新臺幣260元
郵撥帳號	50013371
戶名	財團法人法鼓山文教基金會－法鼓文化
北美經銷處	紐約東初禪寺 Chan Meditation Center (New York, USA) Tel: (718)592-6593 E-mail: chancenter@gmail.com

法鼓文化

國家圖書館出版品預行編目資料

讀懂準提法門 / 黃國清, 張精明合著. -- 初版.
-- 臺北市 : 法鼓文化, 2023. 10
面 ; 公分
ISBN 978-626-7345-05-4（平裝）

1.CST: 密教部 2.CST: 佛教修持

221.96　　112013433